Noir Français

Carlos Martens Bilongo

Noir Français

Philippe Rey

L'éditeur remercie Christian Séranot
d'avoir contribué à la publication de cet ouvrage.

Crédits photographiques du cahier central : DR.

7, rue Rougemont – 75009 Paris

www.philippe-rey.fr

« Retourne en Afrique »

Avant moi, ce jeudi 3 novembre 2022, vingt-trois députés ont posé une question aux membres du gouvernement. Dans l'hémicycle de l'Assemblée nationale, nous avons déjà parlé de transition énergétique, de formation des médecins, du recours au 49.3…

Mon tour vient.

Je me lève, me déplace dans les travées pour rejoindre le micro à disposition des élus. Je ne suis pas un habitué. Je porte un costume clair, une chemise blanche, j'ai à la main quelques feuilles.

Arrivé au Palais-Bourbon depuis à peine cinq mois, je n'ai encore jamais pris la parole pour interpeller un ministre devant mes collègues. Ce n'est pas un moment facile. J'ai de la pression sur les épaules. Les échanges sont retransmis en direct à la télévision. Mais je sais pourquoi j'occupe ce siège, le numéro 604. Je sais surtout que j'ai dû conquérir cette place et que je ne dois rien à personne. Je n'ai pas peur. Je suis concentré et calme. Mes camarades militantes associatives Fadwa et Menel sont présentes avec leurs enfants pour l'occasion.

J'ai décidé de parler immigration et solidarité. J'ai décidé de parler de l'*Ocean Viking*, ce navire humanitaire rejeté par l'Italie, que la France se décidera finalement à accueillir après beaucoup d'hésitations et une longue attente. J'ai décidé de parler des 234 vies humaines que le Rassemblement national et d'autres traitent avec leur mépris habituel.

Je commence tout juste que déjà je comprends ce qui m'attend. Un brouhaha s'élève des rangs de l'extrême droite. C'est presque une habitude dans l'hémicycle, mais je sens que le niveau sonore a bondi d'un coup. Je garde mon cap malgré tout. Je devine les invectives, les moqueries, les mots ne sont pas très clairs. Dès la première seconde, il y a de l'agitation.

Un député en particulier s'énerve sur son siège, il crie, il sourit alors que le sujet ne s'y prête pas du tout.

« Ce sont des passeurs ! » hurle-t-il une première fois, en référence aux associations qui sont venues en aide aux réfugiés – la rhétorique habituelle.

Je ne m'arrête pas, je veux terminer ma question, je veux aller au bout, je tiens à ce qu'on m'entende. Je continue donc :

« Les personnes secourues se trouvent dans une situation d'urgence absolue, et les prévisions météo indiquent une détérioration significative du climat… »

J'ai à peine le temps de reprendre ma respiration que, dans un bref silence, surgit la violence la plus brute, une agression, dans l'enceinte même de l'Assemblée, dans notre maison commune, au cœur de nos institutions :

« Retourne en Afrique. »

Cette fois, j'ai tout entendu, et distinctement. Je ne suis pas le seul. Aujourd'hui, j'insiste sur ce qui m'est dit : « Retourne en Afrique. »

« Pas du tout », répliqué-je dans la seconde.

À compter de cet instant, j'écarte le micro et je cherche à savoir qui a parlé, je fouille du regard les bancs du RN, je me doute bien d'où ça vient. Mes camarades Insoumis se dressent à mes côtés, si nombreux heureusement à se lever et à refuser une telle insulte, ce cri raciste décomplexé. Si vous repassez les images, vous me verrez raide et silencieux, au milieu de l'agitation et de l'indignation qui s'emparent de mes collègues. Sur les bancs du RN, ils sourient, ils rigolent, ils se moquent encore, manifestation spectaculaire de la poussée de l'extrême droite dans notre pays. Ils sont comme au bistro, ils n'ont plus de filtre, aucune retenue. Les masques tombent. Ils sont quatre-vingt-neuf à être entrés à l'Assemblée aux dernières législatives. Je me doutais qu'ils finiraient par déraper, par montrer leur vrai visage. Mais à ce point…

En attendant, le mal est fait, et je ne suis pas allé au bout de ma question.

Je n'ai pas pu.

J'aurais dû préciser dès le début que tous les députés qui ont parlé avant moi, les vingt-trois autres, sont blancs. Je suis noir. Avant moi, tous ont pu s'exprimer. Pas moi. Je suis un homme que l'on attaque, un député français qu'on ne laisse pas parler et que l'on renvoie à ses origines supposées.

Suis-je moins français que celui qui m'insulte ?

Que se serait-il passé si cette scène n'avait pas été captée par des caméras ? Parole contre parole ? Mais, aux yeux du RN, je ne suis qu'un Noir dont la parole vaut moins que celle d'un autre. Je le sais.

Debout derrière le micro, alors que mes amis demandent à l'agresseur de sortir, je peux le dire désormais, je pense à deux femmes. Elles sont mes repères depuis toujours. Elles me guideront dans mes choix et mes réponses.

Je pense d'abord à ma mère, Georgette. Elle nous a élevés, mes sœurs, mon frère et moi, en nous inculquant le sens de l'effort, du travail et surtout du respect de l'autre, avec la foi chrétienne qui était la sienne. Si elle avait entendu ces horreurs, elle aurait sûrement choisi de venir manifester devant l'Assemblée le jour même. Elle aurait cherché à sermonner cet élu RN et sa cheffe, à exiger d'eux du respect et de la tenue. Ma mère a été emportée par la maladie bien avant mon élection, et j'en viens à me dire que, au moins, je lui ai épargné ce spectacle. Heureusement que mes parents n'ont pas entendu ces mots et tout ce qui va suivre. Car d'autres choses vont suivre. Tout aussi violentes.

Je pense également à celle qui m'accompagne à chaque instant : Rosa Parks. Ce symbole du courage et de la résistance. Cette femme noire qui, dans une Amérique déchirée par la ségrégation raciale, refusa de céder sa place à un passager blanc dans un bus de Montgomery, comme le lui imposait la loi.

« Vous ne devez jamais avoir peur de ce que vous faites quand vous faites ce qui est juste… »

Je ne céderai pas ma place, moi non plus, même si certains en rêvent.

Ce n'est pas maintenant que je vais plier. Mes adversaires n'ont pas compris qu'il en faudra davantage pour me faire capituler.

Mais cette agression me sidère. Je la croyais impossible ici, au sein de la représentation nationale, de la part d'un député, envers un autre élu de la République. Elle prouve qu'il n'y a plus aucune limite.

Quelques minutes après, alors que la séance est suspendue, nous sommes réunis avec les députés Insoumis dans un bureau pour une réunion de crise. Je m'exprime peu. Je me rejoue la scène encore et encore. Ce député du RN m'a sali. Oui, je parle de salissure. J'éprouve du dégoût.

Je m'interroge aussi.

Aurais-je dû m'énerver, me laisser aller à la rage et à la violence ? Je prends brièvement la parole devant les micros et les caméras des journalistes dans la salle des Quatre Colonnes, lieu de rencontre entre les députés et les médias à l'Assemblée nationale. J'exprime mon sentiment de honte. Je dis ma tristesse qu'en 2022, en France, un député se fasse insulter parce qu'il est noir, simplement noir. L'émotion est immense. Je pense déjà à tous ceux qui, derrière moi, avec moi, comme moi se sont sentis injuriés. Mes invités (Fadwa et ses enfants : Nayla, quatorze ans, Aymen, huit ans, et Menel et ses filles : Safiya, douze ans, Layina, dix-sept ans) ont assisté à la scène. Après que la séance fut suspendue, ils sont restés dans l'Assemblée nationale en effervescence mais qui se vide. Avec cet événement grave, je les ai oubliés. C'est seulement à 20 h 30 que je me souviens qu'ils étaient là. Je passe un appel à Fadwa, qui me dit que son fils de huit ans est choqué, et qu'ils ont pris les transports vers 19 heures avec une très forte colère.

Et pour ne rien arranger, voilà que s'installe maintenant un débat insupportable. Voilà qu'on joue sur les mots du racisme ordinaire.

Le député RN a-t-il dit : « Retourne en Afrique », « Qu'il retourne en Afrique » ou « Qu'ils retournent en Afrique » ? S'est-il adressé à moi directement ou parlait-il des réfugiés de l'*Ocean Viking* ? L'écœurement est encore plus grand. C'est déjà une manière de minimiser les faits, les mots, les actes. Mais, au fond, un pluriel ou un singulier, *ils* ou *il*, qu'est-ce que cela change ? C'est l'expression de la même discrimination, du même rejet et de la même haine. Dans ce débat ridicule sur la grammaire d'une insulte, je sens déjà monter un besoin d'excuser, je sens que l'on veut donner le sentiment que ce n'est pas si grave.

Tout au long de l'après-midi, l'auteur des insultes est invité partout, sur les chaînes d'info, il accumule les interviews. Micro ouvert pour s'expliquer, pour ainsi dire se justifier, raconter qu'on déforme ses propos, qu'il m'a adressé un mail d'excuses et je ne sais quoi. La priorité est donnée à celui qui a sombré. Le délire continue.

L'AFP va même jusqu'à modifier sa dépêche sur le sujet.

Dans un premier temps, elle écrit : « Retourne en Afrique. »

Dans un deuxième temps, sur la seule foi du député RN, elle écrit : « Qu'ils retournent en Afrique. »

Dans un troisième temps, et parce que nous avons dû appeler pour faire rectifier, les journalistes se décident à faire la moitié du chemin. L'AFP écrit alors : « Qu'il retourne en Afrique. »

C'est surréaliste. Ce n'est pas ce qui a été dit dans l'hémicycle, cette version est fausse. Pour la petite histoire, le procès-verbal de cette séance à l'Assemblée ne sera validé et officiel que vingt-quatre heures après les faits, ce qui est rarissime, comme s'il fallait négocier la version la plus acceptable. Des députés de tous bords, Renaissance ou LR, peuvent témoigner de ce qu'ils ont entendu.

Ma colère grimpe un peu plus. Je ne la montre pas. J'intériorise. Mes collègues me diront plus tard, des mois plus tard, qu'ils ont admiré mon sang-froid.

Autour de moi, l'agitation est incroyable, pourtant je reste calme en effet. Je laisse d'autres monter au front et communiquer à tout-va. Avec le constat que, contrairement à celui qui m'a injurié, presque personne ne m'invite, notamment à la télévision.

Je n'ai que deux propositions télé.

L'une à 22 h 30 sur BFM TV. Beaucoup trop tard pour être entendu.

L'autre, un peu plus tôt, chez Cyril Hanouna.

Je n'apprécie pas son émission, « TPMP », mais je n'ai pas le choix. En plus, je sais qu'elle est regardée chez moi, à Villiers-le-Bel. Je n'ai pas envie d'y aller, mais je me force. Il faut que je sois écouté, j'ai bien le droit de donner, enfin, ma version.

Je m'y rends volontairement entouré par des amis, Mathilde Panot, la présidente de notre groupe, et le député David Guiraud qui connaît les codes de ces émissions. D'entrée, je déteste la manière de présenter les choses, de dire que je suis un invité « exceptionnel », qui « s'exprime pour la première fois », tout ce bruit, toute cette agitation, ce show. Il faut pourtant jouer le jeu, et c'est ce que je fais. Notamment pour montrer que ces invectives à l'Assemblée sont absurdes.

Pendant nos échanges chez Hanouna, j'explique que, de toute ma vie, je ne suis allé, au total, qu'une semaine en vacances en Afrique. Je veux démontrer l'absurdité des propos du RN à mon encontre. Je veux insister sur la bêtise qui consiste à me renvoyer à des origines qui pour moi n'ont pas de sens, surtout à l'Assemblée. C'est une réponse politique que je veux faire, en conservant de la hauteur.

Je sais que certains l'ont mal compris et me l'ont reproché. J'en ai été blessé. Beaucoup de Français d'origine africaine m'ont demandé si j'avais honte, si ma couleur de peau me posait un problème. Ils n'ont pas perçu la nécessité, à ce moment-là, de ne pas tomber dans le piège du RN. Je suis député, mes origines et mon histoire ne regardent que moi et mes proches, je n'ai aucune raison d'en parler publiquement à cet instant. Si on m'a mal compris, tant pis.

Mon attachement à l'Afrique n'est pas à démontrer, je parle le lingala, un dialecte du Congo, je comprends un peu l'arabe, j'adore les civilisations africaines. Mais, ce 3 novembre 2022, je ne passe pas un diplôme en africanité. Ce 3 novembre 2022, je dois trouver une réponse politique.

Il est plus de 23 heures quand je rentre enfin dans mon bureau de la rue de l'Université. C'est là que je dors en moyenne cinq nuits par semaine, sur un simple lit escamotable. Je ne peux pas retourner chez moi à Villiers-le-Bel, le RER D arrête de circuler trop tôt.

Je suis enfin au calme, mais je bouillonne intérieurement. Comment trouver le sommeil ? Alors que débute la nuit, je sais que je viens de vivre l'une des journées les plus importantes de ma vie. Mais je dois encore déminer une situation périlleuse. Beaucoup de gens me disent vouloir se réunir devant l'Assemblée le soir même. C'est hors de question. J'ai peur que le rassemblement ne s'envenime, ce n'est pas prudent, tout le monde est à fleur de peau. Je suis usé. C'est trop pour moi, je m'oppose à toute mobilisation.

Je pose mon téléphone, en mode silencieux, sur mon bureau. Je ne veux plus rien dire, je ne veux plus répéter la même chose. Les messages arrivent par centaines. J'en reçois tellement qu'il me faudra plus d'un mois pour répondre aux uns et aux autres, qui me font part de leur soutien et de leur sympathie.

Ces messages viennent du monde entier : des États-Unis, d'Australie, d'Amérique du Sud, de Chine, d'Afrique... Mon meilleur ami, d'origine kurde, me raconte qu'on en parle à la télévision en Turquie. La planète nous regarde tandis que nous représentons un exemple tragique.

Pour beaucoup de nos concitoyens, ce racisme-là est quotidien.

Mon ancien professeur d'EPS du collège Saint-Exupéry de Villiers-le-Bel, devenu depuis un camarade de lutte, m'appelle peu de temps après. Il m'explique combien il est touché par ce que j'ai subi. Dans sa résidence, sa femme venait d'être injuriée, elle aussi, par des jeunes d'à peine dix-huit ans qui ont imité des cris de singe à son passage. Avec son mari, elle a alerté le syndic. Les jeunes ont nié les faits. Parole contre parole, l'affaire en est restée là. Il n'y avait pas de caméras, pas de preuves. Il n'y aura pas de sanction.

À ce sujet, je dois reconnaître ici – ça vaut ce que ça vaut – que tous les ministres se manifestent auprès de moi. Je crois savoir que l'Élysée s'en mêle un peu : Emmanuel Macron est attendu quelques jours plus tard en Égypte, ces insultes entachent l'image de notre pays. À distance, je vais même échanger, sous forme d'interviews croisées, avec Gérald Darmanin, le ministre de l'Intérieur, dès le lendemain sur RMC et BFM TV.

Je lui pose une question qui me semble essentielle dans le contexte : « Lui qui trouvait jusque-là Marine Le Pen trop molle, est-ce que désormais il la trouve à son goût ? »

Il répondra qu'il a toujours activement lutté contre le RN dans sa ville de Tourcoing. Là encore, ça vaut ce que ça vaut. Je le croise ensuite dans les couloirs de la rédaction de BFM TV, il me souhaitera simplement « Bon courage ». Du courage, il m'en faudra encore.

Je comprends très vite en effet que je ne suis pas au bout de mes peines. Après les insultes viennent les menaces. Les menaces physiques, les menaces de mort à travers les réseaux sociaux. À croire que certains veulent alors me rendre responsable de ce qui s'est passé, pour eux, c'est la suite logique.

Quelques jours après les faits, je me rends à l'université Bordeaux Montaigne avec mon collègue député et ami Louis Boyard. J'entame une tournée dans plusieurs villes de France pour défendre mes convictions. Je suis avec mon attaché parlementaire, Jean Thomas Debe, tandis que mon ami Amour Laurendot nous attend sur place. À Bordeaux, nous organisons une conférence sur le thème « Quel avenir pour les jeunes et l'université ? » Nous faisons salle comble, il y a quatre cents personnes dans l'amphithéâtre. Le public est content d'être là, je le sens, l'atmosphère est détendue. En apparence. Alors que les débats ont débuté, une vingtaine d'individus masqués, cagoulés, habillés de noir et armés de matraques télescopiques tentent d'entrer.

Ils scandent des slogans révélateurs :

« Tout le monde déteste les gauchistes. »

« La France aux Français. »

Sur les murs, à mon arrivée, j'avais bien vu des graffitis reprenant l'insulte de l'Assemblée, « Qu'il retourne en

Afrique », tagués un peu partout et signés par les FAF, membres des groupuscules nationalistes. Certains de ces types brandissent maintenant des pancartes avec cette même phrase, comme une fierté. Nous sommes contraints de nous barricader à l'intérieur, comme si nous étions assiégés.

Ils veulent forcer le passage et interrompre nos débats. Ces militants d'extrême droite mènent une expédition punitive, ni plus ni moins. Quand un député ose insulter un autre député, c'est une manière d'ouvrir les vannes de la haine. C'est ce qui se passe ce jour-là à Bordeaux. Ils veulent en découdre. Ils veulent cogner. Ils veulent me faire taire.

La police va finir par intervenir pour… disperser ces extrémistes. Imaginez une seconde la situation inverse ! Imaginez une seconde que des jeunes de couleur soient venus, cagoulés et armés, pour empêcher ou perturber une réunion du Rassemblement national ! Pensez-vous que la police se contente d'une timide dispersion ? Évidemment non. Les forces de l'ordre auraient répliqué, bastonné et arrêté les fauteurs de troubles. Mais pas cette fois. Ces militants d'extrême droite sont repartis tranquillement, comme ils étaient venus, en toute impunité, car personne n'a relevé leur identité. J'ai porté plainte par la suite, mais avec le sentiment désagréable que la procédure ne mènerait à rien. À Bordeaux, nous sommes passés très près d'une situation périlleuse. Si ces voyous avaient réussi à entrer dans l'amphithéâtre, un mouvement de foule aurait pu avoir des conséquences lourdes. Heureusement, nous avons gardé la maîtrise de nos nerfs et le service d'ordre de La France insoumise, ainsi que le président de l'université, se sont montrés à la hauteur.

Dans la foulée, à Toulouse cette fois, avec mes attachés parlementaires, Thierry Bandudi et Jean Thomas Debe, les mêmes slogans seront tagués sur les murs de l'établissement qui devait m'accueillir pour une réunion publique sur la vie chère. Le bar préférera annuler la rencontre. J'ai dû l'organiser à l'extérieur, sur une place, en plein air. Illustration des bonnes vieilles méthodes qui consistent à menacer et à intimider ceux qui ne pensent pas comme les extrêmes. Cela revient à porter atteinte à la démocratie. Ces gens-là n'aiment pas la démocratie, elle leur fait peur. De tels slogans vont ainsi me suivre presque à chaque déplacement, du sud au nord de la France.

Et ce n'est pas tout. Troisième salve venue cette fois des médias proches de l'extrême droite. Après les injures, après les menaces, vient l'autre méthode : le discrédit. Des magazines comme *Valeurs actuelles*, une télé comme CNews, une radio comme Europe 1 s'en donnent à cœur joie. Ils vont racler les fonds de tiroir pour essayer de me discréditer. Tout y passe : les accusations d'antisémitisme, ma proximité supposée avec l'islam radical, ma prétendue complicité avec la Turquie et des associations douteuses. C'est un festival. Tout est bon pour mentir et salir. Un ramassis de fausses informations, de rumeurs, d'immondices. Je suis noir, je dois retourner en Afrique, et je suis en toute logique un trafiquant ou un terroriste, ou au moins un ami des trafiquants et des terroristes. En détournant des photos et en fouillant dans le passé de personnes que je connais à peine, ils cherchent à m'accabler.

J'attends que les extrêmes vident leur sac et je finis par contre-attaquer.

Je dépose quatre plaintes pour « injures publiques par voie électronique » et pour « diffamation publique par voie électronique envers un membre élu du Parlement ». Je ne laisserai rien passer.

L'Assemblée nationale finira par sanctionner le député RN qui m'a sali. La plus lourde sanction possible lui a été infligée. Décidée pour la seconde fois uniquement dans l'histoire du Parlement : exclusion de quinze jours de séances et privation de la moitié de son indemnité parlementaire pour deux mois. C'est peut-être le maximum, mais c'est dérisoire et ridicule. Aujourd'hui, cet homme a repris ses activités de député comme si de rien n'était. Je ne doute pas un instant que pour lui cet épisode est un titre de gloire. Comment peut-il encore siéger en conscience ?

En ce qui me concerne, autant le dire, l'animal est blessé. Je le serai toujours.

Ma réplique sera politique, intellectuelle, morale. Je suis là et je vais rester là, n'en déplaise à mes adversaires. Certains m'ont dit que j'aurais dû me battre, au sens strict du terme, j'ai eu face à moi des gens révoltés. D'autres m'ont dit que j'aurais dû quitter l'hémicycle et tourner le dos à celui qui m'injuriait.

Ce n'est pas à moi de céder à la violence, ce n'est pas à moi d'abandonner la place. C'est à ceux qui ne supportent pas ma présence. Ma présence comme député. Si j'avais été balayeur devant l'Assemblée, pour le RN, il n'y aurait pas eu de problème. M'avoir en face d'eux comme député élu, avec un signe « égal », c'est insupportable.

Mon combat est là. L'une de mes sœurs me dira plus tard qu'elle y a vu un signe du destin, la preuve que j'avais une voie à suivre.

Cela demandera du temps, mais je vais gagner. Ma présence au Palais-Bourbon est déjà une victoire sur ceux qui contestent mon élection, ma légitimité, ma place, mon histoire.

On ne peut pas être français et raciste.

On ne peut pas être français et islamophobe ou antisémite.

Ma France refuse cette honte et ces horreurs.

Je viens ici vous parler de mes certitudes.

Je vais gagner, oui, pour moi et pour les autres.

Passé le choc, j'ai trouvé les ressources pour continuer et assumer ce que je suis : un Français noir. C'est ma fierté, même si ce n'est pas un long fleuve tranquille.

Chacun est plus qu'une couleur ou une origine. Je le suis, moi aussi. C'est souvent ça, être français. Ne pas se réduire aux apparences.

Des personnes veulent nuire à mon image ; parce que je suis ce jeune Noir député du Val-d'Oise, on veut me faire un procès en portant atteinte à ma légitimité. Je suis le visage de ce qu'ils détestent.

Je suis un fruit du vivre ensemble, la France riche de sa diversité. Ma circonscription est un pays à elle-même, si complexe, mais si chaleureuse aussi. Différente communautés vivent ensemble, différentes religions avec les chrétiens, les musulmans, les alévis, les juifs et les athées, les diverses spécificités entre les peuples arménien, assyro-chaldéen, les Kurdes, les Turcs. Je suis un homme de paix qui œuvre pour le dialogue entre les communautés.

Je suis fier que, dans Sarcelles, ville de ma circonscription, vive une communauté juive importante.

Chacun a sa place, dans notre société, la République une et indivisible, tous sous le même drapeau français.

Personne ne doit chercher à diviser cette France. Je suis contre le repli sur soi et pour l'ouverture aux autres.

Le gamin de Derrière-les-Murs

Je suis donc un gamin de Villiers-le-Bel.

Dès que l'on fait un portrait de moi, on insiste fortement dessus. Je ne renie pas ma ville, au contraire, vous allez voir à quel point je l'aime et j'y suis attaché. Je le souligne parce que pour beaucoup de gens être un enfant du Val-d'Oise, et pas n'importe où dans le Val-d'Oise, constitue forcément une question et un obstacle.

Dans ce livre, quelques anecdotes me permettront d'éclairer ce que je veux dire. Je les préfère aux trop longs discours.

Un samedi matin après le foot, avec un copain, nous rentrons à la maison. Je suis en CM2. De moi, on dit à l'époque que je suis turbulent. Je suis énergique, c'est vrai, parfois énervé, c'est vrai. Mais pas non plus incontrôlable. J'ai mes moments de bêtise, c'est tout. Dans un quartier, il faut parfois faire du boucan, on essaie d'avoir son petit caractère pour ne pas se laisser marcher sur les pieds. Disons que c'est un passage obligé.

Mais, en grandissant à Villiers-le-Bel, j'ai vite compris que je ne serais jamais considéré comme les autres et qu'il faudrait accepter un « tarif spécial ». Que tout serait jugé en fonction d'un territoire, d'un quartier, d'un HLM. Souvent aussi d'une couleur de peau.

Je ne suis pas simplement Carlos Martens. Je suis Carlos Martens de Villiers-le-Bel. Chaque geste a une signification amplifiée, c'est le lot de la vie dans ces quartiers. Une fois qu'on est prévenu, on s'y fait, on apprend à répliquer, à ne pas se laisser définir par les idées préconçues que les gens peuvent avoir.

Ce samedi-là, donc, pour se marrer avec mon copain, on décide de faire des petites conneries. Et voilà qu'on est repérés par mon instituteur de CM2. On décampe sans traîner. Vus mais pas pris. Fin de l'histoire ? Non. J'imagine qu'il a mijoté sa réponse pendant tout le week-end.

Le lundi matin, alors que tous les élèves viennent de s'asseoir, le maître me regarde. Il se retourne vers le tableau et fait un dessin. Un dessin de menottes.

« C'est pour Carlos, ça. C'est là-bas que tu finiras. En prison, comme tous les grands de ton quartier, comme tous ceux de Villiers-le-Bel. »

Aujourd'hui encore, je connais beaucoup de personnes qui pensent comme cet instituteur de CM2. Quelques années plus tard, j'aurai droit à presque la même scène, toujours de la part d'un enseignant, j'y reviendrai. Ces gens-là veulent nous priver d'horizons. Mais ils ont oublié une chose : mon horizon, je me le suis fabriqué. Et je suis fier d'avoir Villiers-le-Bel pour point de départ.

Je suis né et j'ai grandi dans le quartier Derrière-les-Murs-de-Monseigneur. DLM, pour faire court. Le nom est une référence à un baron, un certain Baudoin le Bel de Montmorency. C'est lui qui le premier a fait construire un château entouré de murs, vers l'an 1200. Au même endroit, tout juste. Avec huit cents ans d'écart. L'ambiance a changé, le baron aurait du mal à reconnaître son domaine. Il n'y a plus de château, mais des barres HLM. DLM, c'est une ZAC, une Zone d'aménagement concerté. Pour dire les choses un peu simplement, un coin où certains ont réfléchi à l'agencement de l'espace urbain. Ils ne se sont pas cassé la tête, ils ont dû gribouiller un truc sur un coin de table.

L'histoire va chercher moins loin et sera moins brillante que celle d'un seigneur du Moyen Âge. Tout a été bâti vite, très vite, trop vite, dans les années 1960. À DLM, les bâtiments cubiques, blancs devenus gris, sont sortis de terre pour accueillir les premiers immigrés : Portugal, Espagne, Algérie, d'abord ; Maroc, Tunisie, ensuite ; Afrique noire et Turquie, enfin. Quatre étages d'un côté, dix étages d'un autre, les immeubles sont juxtaposés, avec des orientations différentes, sans plan réellement précis ou compréhensible. Chaque bâtiment a son petit hall d'entrée, avec les boîtes aux lettres où les noms se succèdent, scotchés les uns sur les autres ou gribouillés au crayon.

Dans un quartier voisin, la Cerisaie, à la création il n'y avait même qu'une seule rue qui faisait office à la fois d'entrée et de sortie, un quartier comme un cul-de-sac. Symboliquement tout est dit : comment peut-on grandir dans un coin où on entre et sort par le même endroit? C'est impossible. Il faudra attendre les émeutes de 2007 pour que l'État se décide à ouvrir d'autres passages.

Pour terminer la description du paysage de mon enfance, deux choses encore. La ZAC de DLM, les anciens du quartier l'ont surnommée la Zone d'activité criminelle. Est-il besoin de traduire? Les habitants de la ZAC sont mal vus à l'époque. Il y a des trafics, des règlements de comptes, du racket, des violences.

Et puis, dans une ville déjà pas aidée sur le plan socio-économique, avec une personne sur cinq au chômage, DLM est sans doute le quartier le plus mal loti, le plus paupérisé.

Voilà le portrait-robot de ma ville. Ce que tout le monde raconte et entend sur la banlieue, ici ou ailleurs, en général. C'est un peu cliché, mais c'est un peu vrai. Il ne faut pas cacher ou masquer les évidences. Je n'ai jamais eu pour habitude d'esquiver la réalité. Mais j'ai encore moins pour habitude de me plaindre. Je décris la situation, telle qu'elle est.

La rénovation urbaine est passée par là depuis quelques années. Les choses se sont légèrement améliorées.

Villiers-le-Bel est une ville qui gagne sans cesse des habitants, une ville jeune où la moitié de la population a moins de trente ans, une ville qui mérite d'être placée sur la carte de France pour de bonnes raisons. Quand je me retourne sur mon enfance là-bas, les souvenirs sont magnifiques. Oui, magnifiques, j'insiste. J'ai passé des années incroyables de gaieté. Ce qui ne veut pas dire que je n'ai pas conscience des difficultés.

Je suis enfermé dehors

Enfant, je me considère comme un garçon handicapé. C'est comme ça que je le vis. L'une de mes sœurs dit que les problèmes avaient tendance à venir à moi, même si je n'avais rien demandé.

Les problèmes sont physiques.

À un an et demi, je porte déjà des lunettes que je passe mon temps à arracher. Je ne vois pas bien, mes yeux divergent de manière spectaculaire, il faut donc m'équiper d'une paire avec des scotchs sur les côtés pour aider mes yeux à se recentrer. Le but est de corriger l'hypermétropie à l'origine de mon strabisme. Je me revois encore devant le miroir de la salle de bains, m'entraînant à contrôler mes yeux. Récemment, pour mes trente-deux ans, Gipsy, ma sœur aînée, m'a offert ces lunettes qu'elle avait précieusement conservées. Je ne sais même pas comment j'ai réussi, si jeune, à garder cette paire sur le nez.

Dès que mes yeux commencent à aller mieux, voilà que d'autres ennuis rappliquent encore. Et cette fois pour longtemps. Je suis un enfant bègue. Je suis bloqué, incapable d'aligner une phrase. Je n'arrive pas à m'exprimer, je n'avance pas, à l'école, même quand j'ai la bonne réponse, je ne peux pas la donner. Résultat, je plafonne et je me tiens en retrait pendant la classe.

J'écoute beaucoup, je participe peu aux discussions. J'essaie de rester dans le monde tout en étant en partie coupé de lui par la barrière du langage. À la maison, je ne perds pas le contact, mon frère est là heureusement. Nous partageons la même chambre, lui et moi, avec des lits superposés ; j'occupe celui du bas. À force de m'entendre, il me comprend mieux que les autres, et souvent il traduit ce que je viens de dire : « il veut ça », « il dit ceci »… C'est à mon frère Victoire que je dois mon surnom, « Koss ». Je parle tellement mal et vite que, quand on me demande comment je m'appelle, « Carlos » est vite transformé en quelque chose qui ressemble surtout à « Cos », devenu « Koss ». Et c'est resté avec le temps.

Une seule fois, ma mère m'a emmené chez l'orthophoniste à Sarcelles. Une seule fois ! Déjà, petit, je comprends sans le comprendre ce que signifie l'accès aux soins, ou plus exactement la difficulté de l'accès aux soins. Avant le rendez-vous qu'il avait fallu des mois pour obtenir, elle me prévient que nous n'aurons pas souvent l'occasion de nous y rendre, qu'elle n'a pour cela ni l'argent ni le temps.

« Je te préviens, on apprend tout, on enregistre tout et on refait à la maison. »

Je me souviens encore de son avertissement avant d'entrer dans le cabinet. Il faut donc que je mémorise les exercices que l'orthophoniste me fait faire. Imaginez comme je suis concentré pour apprendre : le stylo dans la bouche, les exercices de diction, la gestion du stress, la manière de bien différencier les « fa » des « va ». Il n'y aura effectivement qu'un seul rendez-vous. C'est de la guérison avec acharnement. Nous nous sommes exercés et entraînés tout seuls, maman et moi, pendant des années. Elle y a mis toute son attention et sa patience, elle n'a laissé personne le faire à sa place. Nous avons répété, répété encore les mêmes exercices. Quand j'entends parfois certains trouver que je parle trop vite ou que je suis hésitant, je m'en moque : s'ils savaient le chemin parcouru pour dominer ma diction… La musique m'y a aidé aussi, plus tard, à l'adolescence. Aujourd'hui encore j'ai des épisodes difficiles. Dans l'hémicycle, dès mes premières prises de parole, j'ai été comme brusquement renvoyé à l'école, devant tous les autres, ceux qui pouvaient me juger, avec le même stress, les mêmes blocages. La crainte de parler revient vite.

Je ne suis retourné chez l'orthophoniste que… vingt-cinq ans plus tard, une fois élu député. J'ai pu trouver un rendez-vous beaucoup plus facilement, soudain. Vingt-cinq ans plus tard, et encore parce que c'est plus simple à Paris que dans le Val-d'Oise de trouver une place, et parce que je suis député.

Si j'ai réussi à vaincre mon bégaiement, c'est aussi par la musique et le rap. Avec Serko, mon ami fidèle, nous chantions. Au micro, je ne percevais plus mon handicap, j'étais comme libéré. Sur scène, j'ai trouvé les ressources pour surmonter l'obstacle. Un jour de fête de la Musique, je me suis mis à chanter. La scène n'était pas loin de la maison. Par la fenêtre ouverte, mes sœurs et ma mère ont cru reconnaître ma voix, elles sont venues voir. Je faisais du rap en secret, sachant que ma mère n'aimait pas cette musique. « Si tu veux chanter, va chanter du gospel à l'église », me disait-elle. Mais, cette fois, elle a compris. Dans le rap, j'ai trouvé ma voix.

Pour couronner le tout, après la vue et la parole, les dents s'en sont mêlées. C'était d'ailleurs lié au bégaiement. Ma mâchoire inférieure étant beaucoup trop avancée, j'ai dû porter une sorte de casque ou de masque, je ne sais pas bien comment le définir. De gros élastiques passaient derrière mon crâne et un dispositif appuyait sur mon menton. J'ai dû le porter nuit et puis jour pendant une période, parce que ma mâchoire était vraiment trop proéminente. Je ressemblais à un robot. La contrainte était énorme. Et je me baladais avec cet attirail dehors, pas le choix. J'en ai même fait un style pour essayer de compenser le côté un peu ridicule de la chose.

Pour un gamin de sept, huit ans, ça fait beaucoup. Beaucoup trop même. Si je n'avais pas eu mes sœurs et mon frère pour me soutenir et me défendre contre les risques de harcèlement, je ne sais pas comment cela aurait tourné. Chez les petits, aujourd'hui, je détecte très vite, intuitivement, la crainte du harcèlement dans un regard. Je suis passé par là, dans une moindre mesure. Je repère ceux qui vont se déchaîner au prétexte de la différence : les gamins entre eux sont sans pitié.

Ma famille était là pour me protéger. Mais ces difficultés m'ont poussé à oser me défendre aussi tout seul. J'ai développé un sens de la repartie. À ceux qui me provoquaient ou me malmenaient, je répondais en les chambrant. J'avais élaboré toute une rhétorique pour me moquer en retour, malgré mon bégaiement. J'allais alors très loin dans la provocation, trop loin souvent, mais je voulais faire passer l'envie à ceux qui s'attaquaient à moi de revenir un jour à la charge. Je le faisais presque contre mon gré, mais c'était la seule riposte possible. Quelle autre stratégie adopter ? Je n'étais qu'un gosse, mais j'avais parfois un peu honte de ce que j'osais dire. Ceux que j'ai pu bousculer verbalement à l'époque doivent être surpris de ce que je suis devenu. J'ai changé, depuis. Grandir avec ces handicaps est une manière de se consolider. J'en suis sorti plus fort. Et ça m'a aidé aussi, paradoxalement, à me faire une place dans le quartier.

Ce qui m'a sauvé, c'est d'avoir été dehors et dans l'action, tout le temps.

J'aime dire que j'étais un enfant enfermé dehors.

Les « Bils »

Je ne peux pas poursuivre ce récit sans planter le décor familial.

Je suis le dernier des « Bils », les Bilongo. On a notre petite réputation à Villiers-le-Bel, et ce depuis quelque temps déjà. Six enfants, quatre filles pour commencer, deux garçons enfin.

Vous allez entendre souvent parler de mes sœurs tout au long de ces pages. Dans l'ordre, Gipsy, avec laquelle j'ai treize ans d'écart, puis Mizou, France-Lise et Rachel. Mon frère Victoire arrive ensuite. Et moi pour terminer.

Mes sœurs sont mes repères. Je ne leur dirai jamais assez combien je suis reconnaissant de ce qu'elles ont fait pour moi. Pourtant elles n'y mettaient pas toujours les formes.

Nous vivions tous ensemble dans un F7 au rez-de-chaussée de l'un des immeubles de DLM. Cet appartement, c'était une exception. Pour la première fois, le bailleur avait décidé de réunir deux logements pour accueillir les grandes familles. On a eu cette chance.

On y entrait par un grand couloir très large. Il desservait un salon/salle à manger avec un balcon, une cuisine centrale, à droite le côté des garçons et des parents, à gauche le côté des filles.

Les filles, justement.

Elles ont tenu un rôle très maternel auprès de mon frère et moi, ce qui est assez traditionnel dans une éducation à l'africaine. Très vite, on leur confie les bébés et des tâches ménagères. Très vite aussi, mes parents leur ont fixé le cadre et les limites. Elles n'en sont jamais sorties et elles ont exigé la même chose de moi.

Gipsy a quitté la maison en 2006. Les autres ont pris le relais et on a moins rigolé avec Victoire.

France-Lise était tout le temps sur notre dos. D'ailleurs, ça n'a pas trop changé, elle ne lâche pas, elle ne veut jamais laisser un sujet non réglé, c'est sa manière de fonctionner, croyez-moi, ça peut durer des heures. Si le soir on traînait un peu trop longtemps dehors, elle venait nous chercher. Si elle ne nous voyait pas, elle téléphonait chez tous nos amis, aux parents s'il le fallait, elle remuait ciel et terre, mais elle nous retrouvait. Et s'il fallait passer un savon à nos potes, elle passait un savon à nos potes. France-Lise pouvait être sans filtre, elle nous secouait, elle était directe. Sa manière à elle de nous éviter les mauvaises fréquentations. Elle voulait qu'on puisse grandir loin des tensions.

C'est pour ça aussi qu'elle nous emmenait visiter des musées à Paris. On traînait les pieds, mais on n'avait pas trop le choix. C'est avec elle que j'ai découvert le musée

Grévin, par exemple, et nous n'étions pas nombreux à avoir des aînés qui nous offraient de tels horizons.

En réalité, mes chères sœurs ont défoncé les portes pour moi. Elles ont ouvert la voie. Elles m'ont montré le chemin, que ce soit sur le plan scolaire ou sur l'exigence du respect de l'autre. Elles étaient des modèles.

À Villiers-le-Bel, dans les années 1990, Mizou est la première des « Bils » à se faire connaître : championne d'Ile-de-France de boxe, danseuse de hip-hop. Avec son petit boulot, elle s'offrait des vêtements Lacoste et des Nike, elle avait la classe. Et nous, nous étions pour beaucoup « les frères de Mizou », ça nous évitait quelques problèmes, personne ne nous cherchait d'ennuis avec ce passeport.

Mes sœurs n'ont jamais dévié, ce sont des modèles, car mon père a toujours su mettre son énergie à les pousser à la réussite. Si on n'y parvient pas du premier coup, on recommence, on n'aime pas la défaite.

La foi et la détermination sont les socles de notre famille. Nos parents avaient à cœur de nous transmettre de telles armes de survie dans ce monde aux perspectives compliquées.

Au quartier, mes chères sœurs sont des exemples de réussite, elles n'ont jamais fléchi face aux difficultés, bien au contraire. Entrepreneuses, ce sont des battantes dans l'âme.

C'est avec une grande fierté que nous apprécions leurs parcours académiques et professionnels, dans lesquels s'entremêlent masters, DESS… Avocate, cadre dans le secteur du luxe, entrepreneures…

Et pourtant, j'ai très vite compris que, même avec un diplôme d'études supérieures spécialisées en communication en poche, rien n'était réellement acquis. Notre aînée a toujours eu des difficultés à trouver un poste correspondant à son niveau d'études. Elle enchaînera des petits boulots qui seront à l'opposé de ses aspirations professionnelles.

Le système, ce labyrinthe, semble à ma chère sœur alors insurmontable et sans issue. Devait-elle se contenter d'un stage de six mois pour la plus grande chaîne télévisée nationale française, comme on le lui proposait ? Non, ce n'était pas assez ! Il n'était pas non plus question d'abandonner, malgré bien des désillusions et des fins de mois difficiles.

En résulte une frustration énorme qui malheureusement est monnaie courante pour les jeunes issus des banlieues, trop souvent victimes de discriminations territoriales et identitaires. Un goût amer. Une injustice brutale qui est fréquemment à l'origine du relâchement social et professionnel. J'ai vu des rêves de jeunes de la banlieue naître, puis s'effondrer face à ces murs dressés.

Je tiens aussi à souligner qu'être une femme mariée avec des enfants condamne à avoir une carrière hachée.

Quant à mon grand frère Victoire, il est autodidacte. Père, travailleur acharné, chef d'entreprise. Je l'admire.

Bref, les « Bils » ont de la ressource.

Nous avons toujours refusé d'être enfermés entre des murs, d'avoir des étiquettes, de nous apitoyer sur notre sort.

C'est que naturellement nous avons suivi les pas et le mouvement de nos parents qui n'ont pas hésité à quitter leur pays natal pour la France, franchissant une distance de 6 044,82 kilomètres exactement à vol d'oiseau entre Paris et Kinshasa.

Leur but : se construire dans ce pays dont ils ont tant entendu parler, en termes de droits, d'égalité et de fraternité. Un pays où réussir n'est pas une utopie. Cette France, c'est le pays où nous sommes nés. Notre pays bien-aimé.

Les deux visions de mes parents

Nous avons grandi à cheval entre deux mondes : celui de Georgette, ma mère, d'un côté, et celui d'Emmanuel, mon père, de l'autre.

Ils sont tous deux nés au Zaïre, désormais République démocratique du Congo, dans les années 1950. L'un et l'autre ont grandi à Kinshasa, la capitale du pays. Ils vont quitter leur patrie alors que Mobutu est déjà et pour longtemps encore l'homme fort du pays.

Mon père est un entrepreneur dans l'âme, un touche-à-tout parfois mécanicien, parfois chauffeur, ou même architecte lorsqu'il dessine un projet de construction d'une maison dans son pays d'origine pour ses six enfants. Rêveur et aventurier, même s'il n'a pas eu de chance dans les affaires, il ne baisse jamais les bras. Son premier commerce, il le monte à Ozone, qui est l'une des communes de la mégalopole de Kinshasa. C'est un bistrot. Un jour d'inondation, tout sera emporté par les eaux, il n'aura pas les moyens de reconstruire et à peine le temps d'en profiter. Il monte alors un taxiphone qui n'est pas non plus un grand succès. En parallèle il joue beaucoup au foot; courtisé par les clubs locaux, il se fait une certaine réputation locale mais préfère la musique. Il est passionné par la danse et la rumba. Il se lance même dans une petite activité de manager de chanteurs et s'occupe de quelques artistes.

Mais son âme d'aventurier le bouscule. Il a vu avant lui des cousins ou des amis quitter le Congo pour la Russie, la Pologne, parfois le Brésil. On lui parle du Portugal, de la France aussi, qui sonne comme une promesse. À vingt-sept ans, alors qu'il est marié avec ma mère et qu'ils ont déjà deux enfants, il se lance et rejoint Paris. Il plaque tout, avec l'accord de sa femme, dans l'espoir de pouvoir la faire venir très vite.

La galère commence. Il est hébergé chez des connaissances, par des collectifs d'entraide, il passe la plupart de son temps dans un foyer Sonacotra ou un autre, ou dans des foyers de jeunes travailleurs où seuls les hommes sont admis.

Il a beau être volontaire et débrouillard, il doit se contenter de petits boulots de technicien de surface, de distributeur de journaux, de livreur. Sa situation ne va se stabiliser qu'après des années, lorsqu'il obtiendra un poste de chauffeur pour l'ambassade du Gabon, métier usant physiquement, consistant surtout à attendre des heures assis au volant.

Ma mère le rejoint trois ans plus tard, avec mes deux sœurs aînées. Ils vivent d'abord à Garges-lès-Gonesse avant de s'installer à Villiers-le-Bel.

Ils étaient les piliers de leurs familles, avec un sens des responsabilités et une conscience forte de leur engagement. Dans la commune de Kintambo, ils furent les premiers à partir vivre en France, c'est aussi pour cela que les nouveaux arrivants passaient souvent chez nous, pour une nuit ou plus, le temps de trouver leurs repères. Du fait de leur propre parcours, mes parents se sont montrés naturellement solidaires.

Mais leurs visions du monde étaient radicalement différentes. Ils n'exprimaient pas leurs envies de la même façon. Ils ne regardaient pas dans la même direction.

Mon père scrutait l'Afrique et prenait des risques, trop de risques pour pouvoir s'occuper de sa famille convenablement. Tout ce qu'il avait de bien ou de valeur ici, il l'envoyait là-bas. Il était si occupé et préoccupé par son pays qu'il lui arrivait de ne pas nous voir, d'oublier nos besoins. Il était incapable de nous aimer autrement.

Ma mère était tout aussi active, mais elle regardait vers nous, vers la France. Elle avait été très marquée par la guerre civile au Congo, traumatisée par des épisodes de violence là-bas. Entre 1960 et 1965, une longue crise politique y a fait plus de 100 000 morts. Elle redoutait même beaucoup de nous voir voyager au Congo, ce qui n'arriva jamais de son vivant. Tout ce qu'elle gagnait, elle l'investissait pour ses enfants. Nous étions sa priorité, son engagement. Jamais elle n'aurait pu envisager de nous laisser sans encadrement et sans présence.

À la maison, nous avions donc les deux visions.

C'était parfois étrange, mais c'est ainsi que nous avons construit notre double culture. Avec de très vifs débats entre mes parents.

Mon père était un porte-drapeau. À la fois très fier d'être devenu français et très attaché à ses racines. Il n'arrêtait pas de nous montrer des vidéos, des photos de son enfance ou de ses projets. Il nous imposait même de parler le lingala, une langue bantoue. On montrait vite notre désaccord et nos limites, heureusement il se moquait pas mal de notre niveau. Le plus important était notre maîtrise de la langue française à un niveau d'excellence. Il aimait parler des diplômes scolaires que nous obtenions, c'était une fierté et une revanche pour lui d'avoir des enfants studieux, quand lui-même, sans diplôme, s'était construit à l'école de la débrouille. À certains rendez-vous administratifs, lorsque son interlocuteur faisait mine de ne pas le comprendre, il appelait directement l'une de mes sœurs pour lui expliquer la situation et lui demander de parler à sa place.

Nous avions le sentiment que l'un regardait beaucoup au loin, derrière lui, tandis que l'autre fixait plutôt l'avenir. Notre avenir, en tout cas. C'est comme ça. Qui suis-je pour dire aujourd'hui que mon père avait tort de suivre son chemin ? Il était fier de moi autant qu'il était dur, parfois même très dur, beaucoup trop. Ma mère a fait face avec un courage remarquable, elle lui tenait tête. Dans la mesure du possible.

J'ai grandi entre eux deux.

Entre un père le cœur tourné vers son pays natal, chauffeur pour une ambassade, se battant pour l'avenir de ses enfants et gagnant mille deux cents euros par mois, et une mère menant son commerce à la maison et sur les marchés après avoir été aide-soignante, nous étions pris entre deux personnalités, deux manières d'élever des enfants.

Autant le dire, ce face-à-face tournait régulièrement à une brutalité douloureuse.

La violence de mon père

Mon père était violent.

Un père violent et un mari violent. Ma mère était une femme battue. J'ai, malgré moi, dû m'habituer à vivre avec des images angoissantes qu'aucun enfant ne devrait voir.

En RDC, durant les premières années de leur mariage, ma mère subit déjà des coups. Surtout après la mort d'un fils qui succombe à la tuberculose à seulement dix-huit mois. À son arrivée en France, où elle rejoint mon père, les violences ne cessent pas. Bien au contraire. Il n'a presque plus aucune limite.

Il crie, il frappe toute la famille.

Il passe la frustration de ses échecs sur nous dès que l'occasion se présente. Je me souviens de ces scènes où de rage il coupe les cheveux de mes sœurs. Il est terriblement dur. Pour un oui, pour un non, il s'emporte, il s'en prend à ceux qui sont autour de lui. Il frappe, il maltraite, il secoue. Il a un mal-être, son pays lui manque et ses projets à distance n'avancent pas.

Il bat ma mère en toutes circonstances. Un jour, alors qu'elle a accouché d'une de mes sœurs six mois auparavant, nous frôlons le drame. Excédée par la violence tant verbale que physique, ma mère, désespérée, s'éjecte du véhicule familial à soixante-dix kilomètres à l'heure. Heureusement, elle n'a eu que de légers hématomes, mais à l'intérieur c'est une femme abusée et meurtrie.

Il a fallu hospitaliser ma mère. Quelques mois après l'accident, mon père est parti pour un an en Afrique et n'est pas présent pour la naissance de mon grand frère Victoire. Selon la version de ma mère, c'est elle qui s'est jetée volontairement, mon père, lui, n'a jamais évoqué cet épisode.

En France, une femme décède tous les trois jours sous les coups de son conjoint ou de son ex-conjoint. Aujourd'hui, les violences visant les femmes sont suivies parfois de tentatives de suicide, dépressions liées à une mauvaise prise en charge.

Je pars à l'école la peur au ventre, je redoute de ne pas revoir ma mère le soir. Nous savons tous qu'avec les enfants hors de la maison il est capable de tout. Je ne suis rassuré qu'en sachant mon père loin de l'appartement, au travail ou ailleurs. Je retrouve parfois ma mère le visage tuméfié et avec un cocard. Je ne l'ai jamais compris ni accepté, mais il est si difficile quand on est enfant de s'opposer à cet acharnement. On est si fragile. On ne peut pas résister physiquement. On ne peut pas lutter psychologiquement face à cet homme, un père, un mari, que nous aimons. Il y a quelque chose d'incompréhensible. On est impuissant.

Ma mère a plusieurs fois appelé la police, mais n'a jamais porté plainte.

Les années passant, devenus ados ou adultes, nous les enfants lui demandons tous de divorcer, ce qu'elle refuse. Elle préfère gérer la famille, nous préserver. Il y a probablement aussi une question d'image. Et puis elle l'aime sans doute un peu, je le répète. Ce piège vicieux est également un piège affectif. Un mari violent est aussi un mari dont il est très difficile de s'éloigner pour de nombreuses raisons. Personne ne peut juger, personne ne peut comprendre la part de souffrance qu'il y a à résister et tenir bon malgré tout. À cacher le plus possible ce qui se passe à la maison une fois la porte refermée. C'est trop difficile, trop intime, trop douloureux.

Gamin, j'ai cherché à m'interposer, mais il m'a battu en retour avec férocité. Je n'ai réussi à le contenir un peu qu'à partir de mes seize ans. Pas avant.

Je pourrais raconter que, enfant, mon père a subi lui aussi une violence inouïe, frappé par son propre père au point d'en être marqué à vie, qu'il a transposé ce qu'il a vécu, comme beaucoup d'autres. Mais cela n'excuse rien. Cela n'excusera jamais rien. Éventuellement, cela aide à comprendre.

La question suivante n'est pas de savoir si je suis féministe. Je pense l'être depuis toujours. Élevé par une mère qui n'était tournée que vers nous, ses enfants; une mère qui se battait contre le sort et les épreuves avec une énergie folle; une mère à laquelle je dois presque tout. Si j'en parle tant dans ce livre, c'est pour lui accorder la place qu'elle mérite.

J'entends et je dois tenir compte, comme chacun d'entre nous, des affaires de violences visant les femmes. Que fait-on pour celles dont les plaintes n'aboutissent jamais ?

Que fait-on pour celles qui appellent à l'aide, sans succès ? 85 % des victimes de féminicides en 2019 avaient alerté la police. À Villiers-le-Bel, à cause de l'absence de commissariat et faute d'effectif à la police municipale, je ne sais même pas si les agents se déplacent en cas d'urgence.

Que fait-on pour éviter l'irréparable ? À en croire le collectif Nous Toutes, 147 féminicides conjugaux ont eu lieu en 2022.

Quant au numéro d'appel, le 3919, les associations expliquent que de nombreuses femmes ne trouvent pas d'interlocuteur disponible. Le téléphone sonne toujours dans le vide.

Tout le monde sait également que les places d'hébergement d'urgence sont insuffisantes. Le compte n'y est pas. Il en faut au moins quinze mille de plus.

Dans le même esprit, on a besoin d'enquêteurs spécialisés en nombre suffisant et d'une justice qui puisse suivre la cadence.

Et dire que c'était l'une des priorités du premier quinquennat d'Emmanuel Macron ! Il n'a fait qu'une toute petite partie du chemin. Il faudrait débloquer deux milliards d'euros par an, dans un budget parfaitement sanctuarisé qui tiendrait compte de l'ensemble des violences dont les femmes sont victimes, que ce soit à la maison ou à l'extérieur, que ce soit de la part de proches ou d'inconnus. Les faits sont avérés, les réponses traînent.

J'aurais aimé que ma mère puisse bénéficier de soutien. Pendant une semaine, une fois, elle a trouvé refuge chez quelqu'un de la famille avant de rentrer à la maison. Histoire que tant de femmes ont vécue avant elle et encore aujourd'hui. Aucune solution pérenne ne lui a été proposée à l'époque. Elle n'avait d'autre choix que de rentrer, sachant évidemment que mon père vivait toujours dans l'appartement et qu'il allait recommencer.

Je regarde cette histoire familiale avec lucidité. Je n'oublie pas les traces, les marques invisibles sur les enfants témoins et victimes. Je sais que dans notre société beaucoup d'enfants répéteront plus tard le même comportement. Ne négligeons pas la prise en charge, l'accompagnement des enfants. Leur réparation est complexe et tout aussi nécessaire que celles des femmes. Je me suis débrouillé avec moi-même, dans le silence. Le sujet est difficile à aborder, même au sein d'une fratrie. C'est à cela que l'on mesure l'intensité des blessures. La pudeur, chez nous, entre nous, rend les échanges douloureux. Nous partageons cette histoire sans nous le dire. Personne ne peut juger.

Ma mère a porté ce fardeau et elle a tout fait pour nous épargner la douleur. C'est ce que je retiens. Elle était admirable, j'y reviendrai.

Aujourd'hui et pour toujours mes parents sont l'un à côté de l'autre au cimetière.

Le garçon à la fenêtre

Je vous le disais plus tôt, dans ces années-là je suis un gamin enfermé dehors.

Actif, trop actif peut-être. Je bouge tout le temps. C'est une manière de compenser ma difficulté à m'exprimer. Le sport me canalise tant bien que mal.

Jusqu'à mes quinze ans, tout tourne autour du foot. Le foot matin, midi et soir. Si je n'avais pas eu ce défouloir, je ne sais pas comment j'aurais réussi à surmonter ce qui m'arrivait.

Dès que je rentre de l'école, je balance mon sac, et ça joue sous les fenêtres de l'appartement qui est au rez-de-chaussée. On fait des buts avec les pulls ou les manteaux, et c'est parti. Ça n'arrête jamais. Il faut comprendre aussi que les logements sont tellement petits qu'on ne peut pas rester à l'intérieur, c'est le cas de beaucoup de mes amis.

Je suis un fanatique de foot. Quand on n'est pas en train de jouer, on s'installe au pied du bâtiment et on se fait des quiz. On met du rap en fond sonore, NTM, Secteur A ou la Fonky Family, et on parle foot, foot, foot.

« Qui est le numéro 9 du club de Mayence ? Qui est le numéro 3 du club de Villarreal ? »

On va chez le buraliste du centre-ville pour lire le journal *L'Équipe* sans l'acheter, on y reste un moment et on retient tout ce qu'on peut, la composition des équipes, leur classement, les noms, les buteurs. Je tiens des petites fiches. Je suis une machine à mémoriser les scores et les joueurs. On se teste comme ça pendant des heures. J'ai des posters dans ma chambre, je suis un grand fan de Zidane époque Girondins de Bordeaux et Juventus.

Longtemps la famille n'a pas les moyens de m'inscrire dans le club de la ville, mais je suis tellement agité et motivé que mes sœurs insistent, avec mes oncles, pour que je joue au foot, et pas seulement dehors, dans la rue, entre les bâtiments. C'est ma sœur France-Lise qui me paie ma toute première licence aux Jeunesses sportives de Villiers. À onze ans, je découvre ce que c'est que de jouer à un poste précis, je dois apprendre à perdre, mais je trouve mes premiers repères, l'esprit d'équipe notamment, le sens du collectif.

Notre maillot bleu foncé, avec le temps et les lavages, devient de plus en plus clair. Je suis resté très proche de mon premier éducateur, et de tous les autres ensuite, j'ai un lien privilégié avec eux. Mais le tout premier, Arnaud Gamba, c'est différent. On se comprend, on partage la même vision de la ville, de ce melting-pot.

Le terrain, c'est comme les quartiers, tout se mélange, on se fiche de savoir qui est juif ou musulman, qui vient d'Asie ou d'Afrique. Exactement comme dans le reste de la cité. On joue au stade Léo-Lagrange, lieu où plus tard sera construit un commissariat. Mais à l'époque il y a encore un vieux terrain en synthétique qui fait l'affaire. Je commence attaquant et puis, plus je grandis, plus je recule sur le terrain, allez comprendre. Je me dis que c'est le moyen de toucher plus souvent le ballon. Les JS de Villiers n'ont pas d'argent, mais ce n'est pas n'importe quel club, il fournit régulièrement de jeunes joueurs aux gros clubs du pays, le PSG en tête, c'est une sorte de vivier. Encore aujourd'hui, si vous me proposez de devenir professionnel, je signe tout de suite. L'histoire n'a pas exactement tourné comme ça, malgré ma motivation je devais manquer de talent.

Récemment, Arnaud m'a rappelé une anecdote. Elle raconte l'importance que prend alors pour moi le foot, autant sur le terrain qu'en dehors.

Le club a obtenu des places pour assister à un tournoi de jeunes au Parc des Princes, à Paris. Mais il n'a pas les moyens de louer un car et il n'y a pas assez de parents pour encadrer la sortie dans les transports en commun. Les coachs décident qu'on n'ira pas. Sortie annulée. Je suis dégoûté. Alors, plutôt que de renoncer, je décide de faire du porte-à-porte. J'ai onze ans, je prends la liste de tous les garçons du club et je vais sonner chez leurs parents. Un à un. J'essaie de les convaincre de nous accompagner au Parc des Princes, de payer le ticket de RER et de métro. Et on finit par aller au stade. On y assiste, à ce tournoi, et c'est un souvenir fabuleux.

Pour résumer et pour dire les choses franchement, je suis un garçon comme les autres dans un quartier populaire qui ne fait pas de cadeaux, mais qui m'offre de la chaleur.

Quand je ne suis pas dehors à taper dans un ballon, je suis à ma fenêtre. Dans les années 2000, à DLM, on me surnomme le « garçon à la fenêtre ».

Je vois tous ceux qui circulent et tout ce qui se passe place des Neuf-Arpents. Quelques arbres, quelques carrés de pelouse, des dalles, des immeubles, un monde tout entier sur quelques mètres carrés d'esplanade. Pas besoin de tourner bien longtemps pour me trouver. Il suffit de localiser le buisson. C'est le point de repère, il est tout affaissé, écrasé à force de fréquentations, de discussions. Ce buisson planté juste devant ma fenêtre, je n'ai jamais su ce que c'est comme espèce, mais il est bien utile, il a juste la bonne hauteur. Les copains viennent s'asseoir dessus pour parler pendant que je suis accoudé à la fenêtre. Tout le monde me connaît pour ça et vient s'installer là. Ça délire pas mal, ça crie tout autour. Comme je ne peux pas sortir à mon gré, je trouve ainsi le moyen d'être un peu à l'extérieur.

C'est à ma fenêtre aussi que je cultive les amitiés.

Avec mon frère Victoire, on partage notre chambre et on a la chance d'avoir une PlayStation et une petite télé. Les copains viennent y jouer, ils sont bien posés sur les branches du buisson, le fil des manettes est assez long, on discute, on se marre, dedans-dehors, un peu les deux à la fois.

Et puis pour faire tourner le commerce, Victoire vend des canettes à cinquante centimes pendant que moi, par beau temps, je vends des glaces à trente centimes. Quand quelqu'un veut un truc, il suffit de frapper à la fenêtre. Aussi simple que cela.

Enfant, j'adore guetter les plus grands, installés à discuter. Il y en a toujours un qui a besoin de quelque chose à un moment ou à un autre. Alors je me pointe pour rendre service et jouer le coursier, pour un achat au supermarché ou quelque chose de ce genre. Je garde la monnaie en rendant service. Du donnant-donnant.

Voilà ce que j'appelle nos petites affaires. Ma vie. Mes amis. L'ambiance de quartier. Ma famille, aussi. Parce qu'une fenêtre ouverte, ça ne marche que si la porte est ouverte.

Mes parents ne ferment jamais l'appartement à clé. De toute façon, on n'a rien de valeur.

Ma mère est si accueillante. Parfois, quand je rentre à la maison, je la découvre en pleine discussion avec un pote en train de déjeuner dans la cuisine. C'est la même chose avec les copines de mes sœurs. Aussi loin que je me souvienne, il y a toujours des gens chez nous.

Mieux encore, ma mère prête la maison pour des mariages, pour réunir tout le monde, le temps de la fête et du dîner. Ma mère laisse tout, gratuitement, à disposition. Les invités peuvent se servir de la cuisine, du salon, de la salle à manger.

Il y a tout le temps du monde chez moi, c'est le souvenir que j'ai de mon enfance, de cette vie autour de nous, les enfants. Je me souviens aussi de la musique, des cassettes qui tournent dans le lecteur : la rumba congolaise, sorte de dérivé de la rumba cubaine. Mon père écoute Pepe Kalle en boucle, parfois il me demande de venir danser dans le salon s'il y a des invités, il me donne un franc en échange. Je viens faire l'animation. Ça m'amuse beaucoup. Nous sommes à cheval sur deux cultures, je l'ai dit. Ma mère s'habille parfois à l'européenne, parfois à l'africaine. Mon père est toujours attentif à ses vêtements, à la congolaise, bien sapé, bien parfumé.

Pour le reste, nous avons une routine, comme toutes les autres familles.

Aujourd'hui j'essaie d'être comme mes parents. Le monde a changé, peut-être, je manque de temps, sans doute, mais être accueillant, c'est essentiel à mes yeux. La générosité, l'absence de calcul, faire ce qu'il y a à faire sans s'interroger sur le pourquoi, le comment et le retour sur investissement. Si je raconte que mes parents ouvraient grand la maison, c'est parce qu'ils m'ont montré qu'on ne pouvait pas se tenir hors du monde. Nous aurions pu nous réfugier dans notre grand appartement et nous replier sur nous, rien que notre famille. Cela aurait été tout à fait possible, mais ma mère ne croyait pas en cette option. Elle était intimement convaincue, et je le suis moi aussi, qu'il faut tenir compte de ceux qui nous entourent. On ne peut pas être aveugle aux difficultés des autres. Même si son propre quotidien n'est pas simple ni enthousiasmant tous les jours.

La pauvreté dans le cœur

La pauvreté, parlons-en. J'ai appris à vivre avec. C'était parfois compliqué, les fins de mois n'étaient pas réjouissantes. Nous sautions des repas, nous n'avions pas toujours les fournitures scolaires nécessaires, nous portions des vêtements de seconde main.

Mon père investissant le peu qu'il avait dans ses affaires en Afrique, autant dire que tout reposait sur les épaules de ma mère. J'ai grandi avec la pauvreté dans le cœur, comme tous mes voisins.

La sobriété énergétique, je connais depuis longtemps. À la maison, on se lavait avec un seau. Il était rempli et cela suffisait bien pour la toilette. Ma mère surveillait tout le temps le niveau de consommation de l'eau et de l'électricité. Nous étions systématiquement en dessous des seuils, ce qui permettait d'économiser l'équivalent d'un à deux mois de loyer sur une année. C'est énorme, précieux pour un foyer qui compte chaque euro. Des économies du quotidien indispensables pour pouvoir tenir. J'ai attendu mes vingt-trois ans et mon premier appartement pour prendre des douches autant que je voulais, aussi longtemps que je voulais.

Ce que je vivais, tous les habitants du quartier le vivaient aussi, et ça n'a pas beaucoup changé, on n'en parle pas suffisamment en ce moment avec la crise du pouvoir d'achat. Pourtant, dans les étages des immeubles de DLM, on ne manque jamais de rien. Si tu n'as pas assez de sel ou de farine, tu vas sonner à la porte à côté, sur le même palier, ou à un autre étage, et tu trouves du sel ou de la farine. Si ce n'est pas le cas, c'est que personne n'en a. Dans beaucoup de villes de France, tu n'oserais jamais aller en réclamer à ton voisin. C'est cette solidarité qui fait que je n'ai pas une vision larmoyante de la pauvreté de mon enfance. Mais je ne suis pas dans le déni. Sur le plan politique, c'est un combat central à mes yeux. J'ai goûté à la pauvreté. J'en connais les dégâts.

Une étude récente en témoigne encore.

Sarcelles, Villiers-le-Bel, Garges-lès-Gonnesse, avec respectivement 34, 35 et 38 % de taux de pauvreté, sont les trois villes les plus pauvres du Val-d'Oise et parmi les plus pauvres de France. Elles sont toutes les trois sur ma circonscription. Autant dire que je regarde cette souffrance dans les yeux.

Si je vous dis cela, c'est pour vous démontrer que les difficultés soudent les gens. Vus de l'extérieur, les quartiers populaires sont perçus comme une juxtaposition de communautés qui parfois s'affrontent. C'est faux. Tout le monde se mélange. C'est la télévision qui transmet cette vision des communautés et des oppositions entre ceux venus de tel pays ou ceux venus de tel continent. Chez nous, on a bien ri de l'idée de la fête des voisins qui a germé un jour dans la tête d'un haut fonctionnaire. La fête des voisins, ces échanges, on connaît depuis longtemps.

Ce qui ne veut pas dire pour autant qu'il n'y a pas d'opposition et de confrontations parfois brutales. Pour un oui ou pour un non, la violence peut surgir.

Dès l'enfance, les tensions montent. Je vais à l'école Ferdinand-Buisson, mais mon quartier DLM est dans le périmètre d'Émile-Zola, une autre école. Parfois, il y a des frictions, les deux établissements se défient, il y a des bagarres. Par chance j'ai un ami, Benjamin, qui est à Zola, et j'évite les problèmes. Mais ils existent.

Même chose, avec l'âge, entre quartiers. Certains prennent un peu trop à cœur la notion de territoire. Entre DLM, le PLM, les Carreaux ou la Cerisaie, des rendez-vous sont parfois fixés pour des face-à-face, des rencontres inattendues dégénèrent, à la gare RER ou ailleurs. Ce n'est pas tendre du tout, comme ambiance. Ce qui me sauve encore une fois, c'est que la communauté congolaise est répartie un peu partout dans Villiers-le-Bel, j'ai pas mal de « cousins » de sang ou d'amitié dans la ville et je me déplace assez librement sans être ennuyé. Ce n'est pas le cas de tout le monde. Encore aujourd'hui, arriver à désamorcer ces luttes n'est pas simple, ça reste, ça dure, pendant des années, sans que personne se souvienne bien pourquoi.

Je ne veux pas jouer à ça, moi. J'évite les conneries. À quatorze, quinze ans, c'est le moment où on peut s'égarer.

Je vois certains de mes potes du foot préférer les trafics, nos parcours divergent. Ce n'est pas pour moi. Mes sœurs encore une fois jouent un rôle essentiel. Un jour, je me souviens, je suis des grands dans des histoires douteuses, à distance. Je reste avec eux tellement tard que je n'ose plus rentrer à la maison. J'ai emprunté une couverture à un ami, j'ai escaladé le balcon de l'appartement (de l'intérêt de vivre au rez-de-chaussée) et j'ai dormi là dans le froid. Inutile de raconter comment j'ai été reçu au réveil par mes parents. En général, après de telles corrections, je ne recommence pas.

En me retournant sur le passé pour rédiger ce livre, je me dis que je cherche avant tout à être de partout à la fois. C'est pourquoi cela ne m'intéresse pas d'être dans une bande ou une autre; je veux être partout chez moi, sans limite. J'étais l'un des seuls à fréquenter toutes les maisons de quartier. Tout a commencé un peu ainsi. Je tisse des ponts et des liens avec tout le monde alors que beaucoup préfèrent rester chez eux. Dans ces maisons de quartier, on peut être au chaud par jour de froid ou de pluie, on discute assis sur les canapés, on joue au baby-foot, au ping-pong, aux cartes. Parfois il y a des soirées zouk ou des boums en plein après-midi, avec un peu à boire ou à manger, ou simplement du thé, peu importe. L'essentiel, c'est d'être ensemble et hors de chez nous, moins à l'étroit. J'ai toujours sillonné et parcouru ma ville, depuis le début. Je fais en sorte qu'on ne m'en empêche pas.

Moi, le petit bègue avec son appareil. Mon corps, mon élocution me fixaient des limites. J'ai décidé de les dépasser.

Le bonheur en Belgique, chez les Martens

Quand on est un jeune né en banlieue et qu'en plus on a réussi à être élu député, on est attendu sur un parcours et sur une histoire. Je devine les attentes.

Comment fait-on pour ne pas tomber dans la violence des quartiers ?

Comment fait-on pour s'élever au-dessus de sa condition ?

Comment fait-on pour ne pas devenir un voyou, surtout quand on a grandi du côté du Val-d'Oise et de Villiers-le-Bel ?

Les idées reçues habituelles.

Autant prévenir, je ne suis pas celui que vous attendez ou que vous espérez. La preuve. Et, là encore, tout commence dès mon enfance.

Pour le comprendre, il faut dépasser les apparences, mais j'ai compris très vite que c'était parfois difficile.

J'ai grandi, aussi, dans une famille de prêtres catholiques dans la campagne belge.

Je leur dois mon nom. J'ai appris la vie, en partie, au milieu des Blancs, dans la campagne belge où j'étais le seul Noir. Si ceux qui m'insultent savaient…

Mes parents ne pouvaient pas se permettre de partir en vacances. Ils n'en avaient pas les moyens, pas le temps. Ils avaient besoin de travailler.

À leur arrivée en France, ils s'étaient tournés vers une association catholique de bonnes sœurs, les Semeurs de joie. Cette association les avait aidés à prendre pied, à trouver un logement, à s'installer dans leur nouvelle vie, dans leur nouveau pays.

Les Semeurs de joie organisaient également des séjours en Belgique pendant les vacances scolaires. À Noël, en février, à Pâques, pendant tout l'été.

Plutôt que de nous voir traîner à la maison sans occupation, ma mère a donc choisi de nous envoyer de l'autre côté de la frontière, dans des familles d'accueil, en quelque sorte. Avant moi, trois de mes sœurs, Mizou, France-Lise, Rachel, et mon frère Victoire ont pris la route de la Belgique. J'ai suivi le mouvement dès mon premier anniversaire, et cela a duré vingt ans. Je suis allé séjourner là-bas près de quatre mois chaque année.

Si mes parents ne pouvaient pas nous accompagner en voiture, nous nous retrouvions, avec mes frère et sœurs, sur le quai de la gare du Nord, une petite carte dans une pochette plastifiée autour du cou pour ne pas nous perdre. Sur cette carte, le nom de nos parents, d'où l'on venait et où l'on se rendait. Avec un code couleur selon la destination.

Pour moi, direction la campagne autour de Gand, pas très loin de la mer du Nord, pas très loin des Pays-Bas, dans un changement de décor total. C'est ainsi que j'ai rencontré Christiane Van den Bossche et les frères Martens.

J'évoquerai pour commencer celui que je n'ai jamais rencontré mais auquel je dois beaucoup, nos vies se sont croisées et liées à jamais. Il est mort juste avant ma naissance. Carlos Martens était un homme assez grand, il portait de grosses lunettes carrées, avec l'âge il avait perdu une bonne partie de ses cheveux. J'ai souvent demandé qu'on me parle de lui, qu'on me le décrive, comme on le ferait d'un grand-père jamais rencontré et dont on regarderait les photos dans des albums. Un homme toujours soigné, très charismatique, si j'en crois ceux qui ont eu la chance de le connaître. Un cœur immense, aussi. Il ne vivait que pour les autres, pour leur bien. Il ne comptait pas, il cherchait à donner le sourire à tous ceux qui l'entouraient. De son regard clair, il pouvait vous fixer sans vous lâcher.

Sur le plan vestimentaire, un pantalon à pinces, une chemise, toujours impeccable. Sa seule excentricité c'était un polo pour les sorties à la mer, pas plus.

Carlos Martens était prêtre, mathématicien et enseignant. Lui non plus ne se contentait pas des étiquettes. Un homme de transmission, curieux de tout, passionné de politique, d'une intégrité remarquable.

Alors que le Congo était toujours colonisé par les Belges, dans les années 1950, il avait officié dans le pays d'origine de mes parents comme missionnaire. Son rôle à l'époque était essentiellement tourné vers l'éducation des plus jeunes ; comme beaucoup d'autres missionnaires, il était chargé de développer un réseau d'enseignement.

À son retour en Belgique, il s'est fait la promesse de venir en aide aux Congolais qui en éprouveraient le besoin. C'est ainsi qu'il a fait connaissance de mes parents et de mes grandes sœurs via l'association des Semeurs de joie. Après des échanges à distance, il a rendu visite à ma famille à Villiers-le-Bel. Puis ma mère, impressionnée par sa gentillesse et sa générosité, a commencé à envoyer ses enfants chez lui, sans hésiter, sans crainte, dès notre plus jeune âge. Parfois nous faisions remarquer à mes parents que c'était tout de même audacieux, pour ne pas dire risqué, de confier ses enfants si jeunes à un inconnu. Ma mère haussait les épaules, l'air de dire que nous ne pouvions pas comprendre, que la confiance en l'autre ne s'explique pas.

Carlos Martens était aidé dans sa tâche par une jeune gouvernante, orpheline, que nous avons tous très vite appelée maman Christiane. Après avoir vécu un temps chez les bonnes sœurs à quelques kilomètres de la maison du père Carlos, elle avait fini par s'installer chez lui, par souci de simplicité, pour l'aider dans les tâches quotidiennes.

Carlos Martens était un homme d'exception, accueillant et bienveillant, un homme généreux. C'est ce que racontent tous ceux qui ont pu le rencontrer et échanger avec lui.

Je suppose qu'il avait déjà fait assez sur la Terre et qu'il était attendu ailleurs. Alors que ma mère était enceinte de moi, le père Carlos est mort.

Je parle de filiation, je parle de liens qui vont au-delà du sang, d'une origine ou d'une couleur. À ma naissance, quelques mois plus tard, ma mère m'a prénommé Carlos Martens. Je porte pour prénom le nom complet d'un prêtre belge. Et mon nom de famille, Bilongo, signifie dans la langue bantoue « médicament ».

Moi le Français noir de peau, j'ai mes racines autant sinon plus dans la campagne flamande que dans les forêts du Congo. Vous voyez déjà comme la vie est plus subtile que ne le laissent voir les évidences.

Moi le Français de parents protestants évangéliques, j'ai été élevé en grande partie par des prêtres catholiques. Voyez là encore comme s'effondrent les idées préconçues, les stéréotypes. J'appelle cela la diversité.

Mais je dois bien plus qu'un nom à cette famille. Beaucoup, beaucoup plus.

Avant de mourir, Carlos Martens a demandé à son frère Cyriel de continuer à faire travailler Christiane et à prendre soin d'elle, à accueillir les enfants lors de toutes les vacances scolaires. Cyriel était professeur de maths lui aussi, curé également, mais il était un peu différent, moins emballé par l'idée d'être à la tête d'une maison d'accueil. Je sais qu'il a hésité. Mais la part d'amour est trop essentielle pour renoncer. Cyriel a donc pris le relais de Carlos, par fidélité à son frère. Parler de l'un, c'est parler de l'autre. D'ailleurs, ils se ressemblaient beaucoup, à ceci près que Cyriel était plus grand et qu'il avait peut-être un peu plus de cheveux.

Sur le plan moral, la même tendresse et la même rigueur à la fois. Un homme très ponctuel notamment.

Quand je séjournais près de Gand, dans la maison Martens, je respectais strictement les horaires. Pour éviter d'être en retard, Cyriel avait un peu trop tendance à être toujours en avance.

Réveil à 8 heures, déjeuner à 13 heures, dîner à 19 heures, extinction des feux à 21 h 30. Nous prenions nos repas tous ensemble selon un rituel qui n'a pas beaucoup changé au fil des années. J'aimais cette organisation.

Jamais un moment d'ennui entre les tâches ménagères, la pelouse à tondre, la lecture de la Bible, les jeux dehors avec les chiens, les cours de catéchisme, une visite à la ferme voisine.

Je pense en particulier à nos balades. Chaque après-midi, sans exception, nous partions nous promener, avec Cyriel et Christiane dans les champs ou dans les forêts alentour. Une marche de deux à trois heures selon l'humeur du jour et l'énergie de chacun. Nous parlions de tout et de rien, de Dieu, de notre vie en France, des problèmes de famille… Au début, de si longues promenades n'étaient pas mon activité préférée, je peux bien l'avouer, mais j'y ai pris goût.

Souvent, au retour, Cyriel nous offrait une crêpe ou une glace au café du village. Je pense qu'il était fier de nous accueillir et de nous inviter ainsi sous le regard des autres habitants qui nous ont toujours réservé un bel accueil.

Cela n'arrêtait jamais.

Nous étions toujours occupés.

En journée, nous allions parfois acheter directement la salade et quelques œufs chez le fermier voisin avec nos francs belges en poche. Christiane cuisinait le tout à notre retour.

Il fallait aussi régulièrement aller cueillir les fruits. Sur le grand terrain des Martens poussaient beaucoup d'arbres fruitiers, et ils s'étaient mis en tête de vendre la cueillette.

Autant dire qu'il nous a fallu un moment pour nous y faire. L'apprentissage n'était pas facile pour des petits banlieusards. Une mouche, un insecte, une araignée, et on était soudain incapables de ramasser une pomme ou de cueillir une fraise. Ils nous prenaient pour des extra-terrestres avec nos manières. On était paniqués, mon frère et moi, et pas question d'avaler un fruit dans lequel un ver avait pu entrer. Je peux l'avouer aujourd'hui, il nous arrivait souvent de tout recracher discrètement.

Et puis, le soir venu, entre la lecture et les jeux, là non plus on ne s'ennuyait pas. Victoire dira que j'étais mauvais joueur, surtout au Uno, et que je me mettais à cacher les cartes et à tricher dès que la défaite s'annonçait. C'est bien possible.

Ce sont des souvenirs merveilleux.

J'ai beaucoup appris chez les Martens. J'ai compris par exemple le sens de la générosité et de l'attention à l'autre. Je me suis ouvert au monde. J'ai appris à aller vers les gens, à les connaître, à les écouter et à les aimer pour ce qu'ils sont et non pas pour ce qu'ils sont censés représenter.

Tous les dimanches, nous allions à la messe, évidemment. Et après, là encore sans varier, nous nous rendions à la maison de retraite. Quel souvenir ! Le sourire et la joie des retraités de nous voir arriver ! Nous passions un peu de temps avec chacun d'eux. Ce n'était pas toujours très simple avec la barrière de la langue, certains ne parlaient que flamand, on se débrouillait comme on pouvait, avec des gestes, des dessins, nous racontions notre semaine. Ils nous touchaient les joues, les cheveux qu'ils n'étaient pas habitués à voir sous ces contrées, ils nous offraient parfois des bonbons.

Je n'ai pas perdu cette habitude. Je suis conscient du poids de la solitude de nos aînés. Dans les Ehpad, les maisons de retraite, dans tous ces établissements, les gens attendent. Ils sont seuls. Ils espèrent que quelqu'un viendra les voir, et parfois personne ne vient. J'ai compris avec ces visites dominicales le sens du partage, sans autre idée que d'être attentif à l'autre, sans arrière-pensée. En compagnie de Cyriel, nous faisions ce que nous avions à faire, avec naturel et spontanéité. Sans nous poser de question.

Ma vie était belle et douce en Belgique. Chaque fois je retrouvais mes jouets, mes bouquins, je mangeais à ma faim alors qu'à la maison la vie quotidienne n'était pas toujours facile. Disons que, chez les Martens, ce n'était pas l'abondance, mais c'était confortable. Le confort est précieux.

En rembobinant le film, je revois aussi toutes les découvertes. Le temps des premières fois avec Christiane et Cyriel.

Grâce à eux j'ai vu la mer. Ostende n'était pas très loin, avec ses grands immeubles blancs sur le front de mer, ses plages interminables de plusieurs kilomètres de long et d'une centaine de mètres de large. L'eau n'était pas chaude, mais on s'en fichait. Nous y passions des après-midi entiers, c'était à moins d'une heure de route. Cyriel nous offrait des moments de joie formidables.

Je me souviens aussi d'un séjour près du mont Blanc, la neige, le ski de fond, les randonnées à raquettes. Quelle chance tout de même de découvrir ces paysages. Là encore, c'est grâce à Cyriel que je suis allé pour la première fois à la montagne.

Nous faisions également des visites aux Pays-Bas, à quelques kilomètres seulement de la maison. Nous jouissions de tant de choses que mes amis de Villiers-le-Bel n'avaient pas.

Je mesure le privilège que j'ai eu de partager ces moments inoubliables. Christiane nous couvait comme l'aurait fait une maman, une deuxième maman. Avec nous elle a toujours été d'une patience et d'une tendresse si précieuses.

Et puis, en 2009, Cyriel Martens a commencé à se sentir faible, fatigué, malade. Il avait quatre-vingt-huit ans. Je me trouvais à l'étage de la maison, il était en bas. J'ai entendu des bruits anormaux et me suis précipité dans les escaliers. Il était à bout de souffle. Je l'ai pris dans mes bras, je l'ai serré contre mon cœur, et Cyriel est allé retrouver son frère Carlos. J'espère lui avoir offert tout l'amour qu'il avait partagé avec moi dans ses derniers instants. Je suis lié à eux à jamais.

Dès que je le peux, je retourne en Belgique rendre visite à Christiane qui vit toujours près de Gand. Nous célébrons parfois des anniversaires ensemble. Avec le temps et les visites qui s'espacent, elle perd un peu son français, mais cela revient vite.

Elle est particulièrement attentive à ma vie de député, elle scrute les réseaux sociaux, elle regarde les vidéos de mes passages à la télévision ou de mes réunions publiques. Je vais organiser sa venue à Paris pour lui faire visiter l'Assemblée.

Lorsque les insultes ont fusé, que le Rassemblement national a montré son vrai visage, elle m'a raconté ce qu'on en disait en Belgique. On y portait une attention particulière à ce député qui porte un nom si flamand. C'était intrigant pour eux. *La Libre Belgique*, *Le Soir* et d'autres journaux ont relayé l'épisode.

Avec son amour maternel et son humour habituel, maman Christiane a ajouté un jour :

« Dis-leur, aux autres en France. "Retourne en Afrique", ça ne veut rien dire pour toi. Tu n'y as jamais vécu. Si tu dois retourner quelque part, c'est chez nous. Demande-leur de crier "Retourne en Belgique" la prochaine fois. »

Christiane se résume ainsi : prendre les choses avec humour, avec dérision, y compris les moments les plus éprouvants de l'existence, et elle en a connu de nombreux : perdre ses parents à six ans, se faire placer dans des orphelinats avec ses douze frères et sœurs, au sein d'une Belgique pauvre. Elle n'a jamais rien lâché. Elle répétait toujours : « Ça va aller », « Ça va s'arranger. »

Je suis donc cet enfant-là. Je suis français de parents congolais et de parents belges à la fois. Je suis de culture africaine et européenne, de culture protestante et catholique. Je suis du bitume de Villiers-le-Bel et de la terre de Gand. Je suis usager du RER D et j'aime marcher dans les plaines flamandes. Allez faire entrer tout cela dans une simple case, dans une définition précise ou sous une étiquette. Je suis tout cela et plus encore. Je suis de la ville et de la campagne plus que beaucoup d'autres qui le crient un peu trop fort pour être honnêtes.

Quand on me demande si ce n'était pas trop difficile de quitter mes parents et mon quartier pendant les vacances, je réponds toujours la même chose : je ne quittais rien, j'allais retrouver mon autre maison, dans un sens comme dans un autre, quelle que fût la direction. Enfant, j'emportais un morceau de tissu portant l'odeur de ma mère pour ne pas tomber dans le manque ou la mélancolie, mais très vite l'énergie reprenait le dessus. Être positif, toujours.

Tonton Cyriel et maman Christiane m'ont offert un refuge contre la tentation. Tout le monde sait que, dans le quartier, les vacances ont le goût du danger.

La semaine qui précède, à l'école ou au collège, le ton monte souvent, les embrouilles, les tensions : « Tu vas voir, on va régler ça la semaine prochaine pendant les vacances. » Il y a toujours beaucoup d'excitation et de nervosité.

L'école est fermée, les parents travaillent, ils sont plus laxistes, on peut sortir, on passe davantage de temps dehors, et c'est là que vient souvent le dérapage. C'est là que tombe la connerie.

Mais mes parents belges, toujours très organisés et pressés de nous retrouver, faisaient en sorte que nous partions de Villiers-le-Bel au plus tard le lendemain matin du dernier jour de classe.

Par la force des choses, j'étais éloigné de ces risques. À mon retour, j'apprenais les incidents, les affaires, les bagarres, les conséquences pour des copains.

J'ai échappé à des histoires dangereuses, je sais le prix que cela représente. Pour tout ce que je viens de vous raconter, je ne dirai jamais suffisamment comme je me sens redevable envers ces gens, pour leur amour, leur respect du prochain. Des valeurs que je porte en moi avec sincérité. En nous envoyant en Belgique, nos parents aussi nous ont un peu sauvés, ils nous ont fait découvrir autre chose, nous prenions de grandes bouffées d'air frais. Aujourd'hui, mon frère Victoire vit dans un village, et ce n'est pas pour rien, il a cherché à retrouver ce lien avec la nature et l'apaisement.

Quant à moi, je porte donc le nom d'un homme avec lequel je ne partage aucune goutte de sang. Y a-t-il plus belle marque d'estime et de respect ? N'est-ce pas déjà la preuve que mon histoire va planter ses racines là où personne ne l'attendait ?

Je n'apprécie pas qu'on me demande de quelle origine je suis. Je n'aime pas cette question. Je ne sais pas ce que je dois répondre.

Est-ce que je suis du Val-d'Oise ?

Est-ce que je suis du pays de mes parents ?

Est-ce que je suis de Belgique ?

En réalité, je n'ai pas envie de trouver une réponse. Je ne vais pas faire un dosage, 20 % de cela, 45 % de ceci. On s'en moque.

Je sais en revanche que figure sur mes papiers d'identité la nationalité française et que désormais, lorsque je me présente pour des cérémonies officielles, je porte une écharpe tricolore. Je m'accroche à ces repères et à cette identité. Je suis français et riche de cette diversité.

Cette histoire dit autre chose. Chaque pièce a deux faces. Mes parents ne partaient pas avec nous en Belgique.

Dans beaucoup de foyers, les vacances permettent aux parents de passer du temps avec leurs enfants, tout ce qu'il est impossible de faire pendant le reste de l'année.

Ce n'était pas notre cas. Ma mère n'arrêtait jamais. Mon père était très occupé, lui aussi. Ils travaillaient.

Nous ne sommes jamais partis en vacances tous ensemble.

Je ne suis parti qu'une seule fois en vacances avec ma mère.

J'avais dix-sept ans, c'était l'été, ça n'a duré que quatre jours. Ma mère a loué une voiture, une Renault Espace, nous emmenions un neveu bien plus petit que moi. Le voyage a été long, une journée entière de route pour arriver à Nice.

Nous avions trouvé un petit appartement à louer dans le centre de la ville. À l'époque, je n'avais encore jamais mis les pieds sur la Côte d'Azur.

Les choses belles sont souvent les plus simples. Tous les trois nous allions à la plage, nous profitions du soleil, de la mer. Des vacances en toute tranquillité. Les seules et uniques avec elle, donc les meilleures.

Je conserve encore dans mon téléphone portable une photo de ce séjour. On y voit ma mère sous un parasol, en tenue d'été, sur les galets. Mon neveu est au premier plan et on aperçoit mon bras qui tend une bouteille. Les choses fondamentales de la vie qui pour nous deux étaient si rares. Ma mère constituait un repère vital, elle nous protégeait, elle nous donnait tout ce qu'elle pouvait, nous poussait à prendre une voie juste. Parfois au détriment des loisirs qu'elle n'avait pas le temps de s'offrir. Il fallait profiter avec ellc autrement. Ma mère a montré, pendant toute sa vie, un sens exceptionnel de la dévotion et de l'engagement. Une détermination et un sens de l'effort qui, je pense, ont rejailli sur nous tous. J'ai été à bonne école.

La religion, à sa juste place

De ma mère, de maman Christiane et des frères Martens, j'ai conservé également un profond respect pour les religions, le sens du respect de l'autre, la considération pour la foi de mon voisin, peu importe son dieu. Après tout, il y a un sacré paquet de différences entre un catholique belge et une protestante évangélique congolaise.

Ma mère allait à la messe plusieurs fois par semaine, elle nous demandait d'« agir en bons chrétiens », elle connaissait la Bible, la citait souvent. Elle était très pratiquante, occupant d'ailleurs une fonction de diaconesse dans une église de Saint-Denis, l'Arche de Paix. Autant dire que la religion occupait une bonne place dans sa vie.

Je me rappelle, dans mon enfance, avoir été impressionné par l'Apocalypse, un peu effrayé, je l'avoue, à l'idée du purgatoire. J'ai grandi dans la crainte de Dieu et avec des messages essentiels en tête comme : « Aimez-vous les uns les autres. »

Y a-t-il une volonté plus simple et plus encourageante que celle-là ? Ce n'est pas toujours évident, j'en conviens. Mais l'objectif n'est pas mal du tout. Ma mère nous a élevés dans un esprit de bienveillance envers les autres. Je trouve qu'il faut pouvoir le décliner dans la vie politique.

La religion, c'est donc ce temps calme. Le temps de la réflexion, de l'analyse. Tout sauf la précipitation. À contre-courant de ce qui nous entoure.

Pour le reste, chacun fait comme il veut. Qui suis-je pour juger des pratiques des uns ou des autres ?

Je me sens d'ailleurs d'un peu toutes les religions. C'est ce que j'aime dans les quartiers. Les religions se mélangent beaucoup plus que ce qu'on veut bien laisser entendre à l'extrême droite. La mixité culturelle et religieuse est profonde et enthousiasmante. Entre les musulmans, les juifs, les chrétiens, la réalité ne correspond pas du tout à ce que décrivent certains journalistes ou certains pyromanes.

Ma religion ne regarde que moi. Je n'ai pas à l'exposer au grand jour comme un étendard ou une marque de fierté particulière. Que chacun se sente libre et assuré de pouvoir librement pratiquer, et tout ira bien.

Je pense que le risque de rupture communautaire n'est pas religieux, mais social et politique, j'y reviendrai dans ce livre. Il existe bien des radicaux religieux qui cherchent à embrigader des jeunes ou des personnes en situation de faiblesse. J'observe comme tout le monde le danger que cela peut représenter. Mais, dans les quartiers populaires, n'ayons aucun doute, ce ne sont pas les religions qui mettent en péril la paix et la concorde. Ce sont la précarité et les perspectives de déclassement qui fragilisent le corps social.

Laissons donc la religion à sa juste place. Dans le cœur de nos concitoyens, selon leurs envies et leurs croyances. Nous ne devrions pas être déçus, je pense, du résultat.

Les frontières ne s'élèvent pas, en France, à cause des dieux. Elles se bâtissent sur des discriminations qui n'ont rien à voir avec une église, un temple, une mosquée ou une synagogue. J'en suis la preuve.

J'aimerais contribuer à repousser ces limites qui ne cessent d'apparaître à chacun de nos pas. C'est ce que j'ai fait en entrant à l'Assemblée nationale et c'est ce à quoi je compte travailler pour l'ensemble de nos concitoyens. Notre pays regorge de frontières invisibles qui racontent la peur de l'autre. Je suis au contraire pour l'influence, la porosité, le mélange. J'ai conscience que ça ne fait pas les affaires de tout le monde. Certains rêvent de maintenir les barbelés autour de leurs privilèges. J'en ai fait les frais en étant insulté à l'Assemblée. Je suis venu m'attaquer à ces limites. Je suis préparé aux secousses.

Le combat admirable de ma mère

Partir de Villiers-le-Bel reviendrait à quitter ma maison, mon quartier, mon histoire, finalement. Mais ce serait aussi quitter mes parents.

Ils sont enterrés dans le cimetière de la ville, côte à côte. Dans la terre de ce pays qui les a accueillis et qui est le mien. Je ne vois pas comment je pourrais rompre ce lien.

Je raconte encore avec difficulté le choc de leur disparition. Je ne sais pas si on peut guérir de cela. Ma mère a laissé un vide immense.

Georgette a jusqu'au bout voulu me protéger, je l'ai dit. Elle est allée jusqu'à me cacher sa maladie. Tout au long de sa vie elle n'a cessé de me donner des preuves de son affection, sans que j'en prenne alors la mesure.

Dix ans avant sa mort, le diagnostic tombe. Un cancer du sein, qui va se généraliser. Elle en parlera à mes sœurs, mais exigera que mon frère Victoire et moi ne soyons au courant de rien. Pendant des années, je la verrai parfois affaiblie, mais elle n'arrêtera jamais de travailler, se levant plusieurs fois par semaine à 5 heures du matin pour faire les marchés. Elle ne montrera aucune faiblesse morale et je ne me douterai de presque rien pendant longtemps. Dans une période d'intense rechute, les mardis, elle se rend, pendant que je suis à l'école, dans un centre de chimiothérapie à Paris. Quand je rentre, je la trouve fatiguée mais elle minimise en permanence. Ce n'est jamais « grave ». Quand les soins nécessaires sont plus importants, elle fait en sorte de les suivre pendant les vacances scolaires, alors que nous sommes loin de la maison, en Belgique. Elle ne voulait pas nous inquiéter, elle ne souhaitait pas nous traumatiser.

Les derniers mois, je comprends que la situation empire vite et de manière irréversible. Elle prétend que ce n'est qu'une toute petite tumeur, rien d'important, qu'il ne faut pas s'alarmer. Jusqu'à la fin, elle continuera à réduire sa maladie à trois fois rien. Elle a tenu, tenu tant qu'elle a pu. Je m'occupe d'elle, je fais tout ce qui est en mon pouvoir.

Je décide aussi que je dois l'aider financièrement, pas question de poursuivre des études à rallonge. Il faut travailler, faire en sorte que l'argent rentre. C'est en partie pour cela que je m'oriente vers un BTS technico-commercial et une licence en alternance.

Jusqu'au jour où le téléphone sonne.

Maman a été hospitalisée. C'est justement l'hôpital qui appelle. Je ne comprends pas tout à la conversation, j'ai vingt et un ans, j'entends des mots comme « transfert », « centre », « soins palliatifs ». Au téléphone, on me demande de prendre des décisions dont je ne saisis pas la nature. Quand je raccroche, je me précipite sur Internet. Je tape dans la barre de recherche Google, et je comprends ce que signifie « soins palliatifs » : « soins qui ne visent qu'au confort du malade, souvent en fin de vie ». Je ne prends conscience qu'à ce moment-là que ma mère ne peut plus résister, qu'elle souffre d'un cancer agressif et qu'elle va s'éteindre.

Me vient alors à l'esprit un détail, une petite chose, si importante en réalité. Toute l'année qui vient de s'écouler, nous nous étions promis de trouver un moment pour aller au cinéma tous les deux. J'y tenais, je voulais l'y inviter. Nous n'en aurons jamais le temps. Nous n'avons pas partagé une sortie aussi simple et banale. Aller au cinéma. Ce que tout le monde appelle des loisirs. Des instants précieux qui font les souvenirs communs qu'on aime se remémorer dans les moments où cela va moins bien. J'ai heureusement d'autres souvenirs. Je ne la quittais pas beaucoup, ma mère. Elle aura travaillé toute sa vie, puis elle est morte.

J'ai passé du temps avec elle, mais pour le travail uniquement. Nous avons partagé des journées entières dans les camions, sur les marchés, rien d'autre de plus festif. C'est ainsi. J'ai profité à ma façon de cette mère si aimante et attentive. Elle était complètement tournée vers nous et notre vie. Jamais elle ne nous aurait laissés faire fausse route. Mes sœurs, mon frère et moi, elle nous a tenu la main à chaque instant. En retour, je donnais de mon temps pour l'aider.

Ma mère fut d'abord aide-soignante à domicile. Je pense qu'elle appréciait ce métier, le contact avec les autres, le partage, l'attention, en étant utile avant tout. Elle était en accord avec elle-même. Et puis la vie s'en est mêlée, encore une fois, la méchanceté, comme souvent. Le comportement humain n'en finira jamais de me surprendre.

Après le décès d'une patiente qu'elle aimait beaucoup, ma mère s'est rendue à son enterrement. La famille y a vu un signe qu'elle attendait quelque chose, qu'elle avait une idée derrière la tête concernant l'héritage, évidemment. J'ai encore du mal à imaginer qu'on puisse avoir de telles pensées. Comme s'il était impossible d'imaginer qu'on vienne saluer la mémoire de quelqu'un sans en vouloir à son argent !

Cet épisode l'a profondément marquée. Elle a abandonné son métier d'aide-soignante. Pas question d'avoir à subir ces jugements gratuits et infamants. Pas question de tolérer qu'on puisse lui manquer de respect et qu'on la traite comme une exécutante ou une voleuse.

À l'époque, elle avait déjà lancé son commerce, elle en a donc fait son activité principale. Un boulot monstre. Elle passait son temps à charger et décharger le camion qui lui servait pour transporter sa marchandise. Elle vendait des vêtements, des bijoux, des accessoires. Des produits qui venaient parfois de Thaïlande ou d'Italie. Sur les marchés du Val-d'Oise, dans les années 1990, elle était une des premières à faire ce commerce, les affaires tournaient bien, mais à quel prix…

Deux ou trois fois par semaine il fallait déplier sur les marchés, tôt le matin, à Sarcelles ou Argenteuil où elle avait sa place attitrée. Le dimanche matin, à Saint-Denis, elle ouvrait le coffre de sa voiture et elle vendait directement à la sortie de la messe. Parfois même des clientes venaient à la maison.

Nous avons fait ensemble la Braderie de Lille. Et quand je n'y mettais pas beaucoup de bonne volonté, elle me faisait remarquer que les enfants des autres étaient là, eux, derrière le stand. Et tout le week-end, si besoin. D'une manière ou d'une autre, je finissais toujours par la rejoindre.

Avec la maladie qui progressait, l'effort était parfois considérable. Elle n'en montrait rien ou pas grand-chose. Le courage, l'abnégation, ne jamais se plaindre. Ma mère a été un modèle fort. Je raconte cela poussé par affection immense et pour dire à ceux qui pourraient douter de ma détermination que j'ai hérité de ces valeurs.

Je l'aidais donc sur les marchés, à déballer, à vendre. Que c'était long, parfois, jusqu'à seize heures dans une journée ! Mon pire souvenir reste sans doute le marché du jeudi de Bondy, qui commençait à 11 heures et se terminait vers 20 heures. Il fallait trouver des occupations, je traînais avec les enfants des autres commerçants qui étaient là eux aussi. Mais je ne parlerais pas d'ennui. On ne s'ennuie pas avec sa mère. Nous nous racontions nos vies. Nous parlions de ses relations avec mon père, de mes sœurs, du collège, du BTS, de tout, en réalité. Des heures à discuter, en tête à tête. J'ai bâti une relation ainsi. Pas tout à fait comme les autres. Notre complicité s'est construite dans cette vie sans repos. C'est très précieux. Je ne souhaite à personne de perdre sa maman si jeune. Je souhaite à tout le monde d'avoir la chance de vivre aux côtés d'une femme si extraordinaire.

Sa disparition a été un séisme. J'en parle encore difficilement aujourd'hui. Trois ans plus tard, mon père est décédé lui aussi, la maladie encore une fois.

J'ai perdu en un rien de temps tous mes repères. La vie m'a giflé plusieurs fois, et durement. Je ne sais pas si l'on parvient à surmonter vraiment la disparition de ses parents. Il faut apprendre à vivre avec le manque et avec les valeurs qu'ils vous ont transmises.

Depuis mes dix-huit ans, je suis un acharné de travail. Ce fut aussi pour moi le moyen de surmonter la disparition et le manque.

Je garde en moi, et je sais que c'est également le cas de Victoire et de mes sœurs, les adieux à maman. La cérémonie fut un moment exceptionnel de bonté et de beauté. Nous avions hésité à filmer la cérémonie, ce que nous avons fait finalement, mon frère la visionne régulièrement, pour revivre cet instant.

Il faisait froid, sec, gris à Villiers-le-Bel, et tout à coup le soleil est apparu pour illuminer cette journée du 12 décembre. Beaucoup d'amis de la ville étaient là, réunis. Toutes les générations, toutes les origines. Certains étaient venus du Congo, ce qui représente un sacrifice quand on connaît le prix du billet d'avion, certains sont venus aussi des Pays-Bas ou d'Angleterre.

Nous étions entourés. Et nous avions sous les yeux la preuve de l'écoute et de la chaleur transmises par ma mère pendant toutes ses années en France. Mon modèle.

Ce que la vie m'a pris à vingt et un ans, je vais aller le récupérer. La vie, je vais lui faire sa fête. Je me suis formulé cette promesse ce jour-là.

Mon renvoi du collège

La maladie de ma mère est intimement liée à l'un des épisodes les plus marquants de mon adolescence. Une épreuve dans l'épreuve.

Je suis alors élève au collège Saint-Exupéry à Villiers-le-Bel, en troisième. Maman enchaîne les coups de fatigue, même si elle continue à dire que tout va bien, qu'il ne faut pas s'inquiéter. Elle se retrouve brièvement hospitalisée, puis je dois m'occuper d'elle. Depuis une quinzaine de jours, je vais en cours par à-coups.

Et voilà que je suis envoyé chez la CPE, la conseillère principale d'éducation, pour avoir un peu trop bavardé au goût de ma prof d'espagnol. Au lieu de m'écouter ou de me demander ce qui m'arrive, ce qui peut expliquer mes absences et mon manque d'attention, la CPE prend son téléphone et décide d'appeler ma mère. Je lui demande de ne pas le faire, elle insiste.

Je précise que mon comportement n'a jamais été un problème au collège, je suis délégué de classe, pas un gamin qui fait des difficultés. Je la supplie de ne pas déranger ma mère pour un bavardage. Elle n'en fait qu'à sa tête. Elle appelle, alors que ma mère est dans un état de grande faiblesse. Je ne veux pas lui infliger plus de préoccupations qu'elle n'en a déjà. Même si je ne sais pas exactement de quoi ma mère souffre, je vois bien que quelque chose ne va pas.

Mon sang ne fait qu'un tour. Je me redresse, je reste debout, immobile, les larmes coulent sur mes joues. Je ne casse rien. Je ne fais aucun geste. Je suis juste debout, face à la CPE. Impuissant et furieux, je craque émotionnellement, c'est déjà si lourd de porter la maladie de ma mère, en plus il faut faire avec l'indifférence des autres. C'est si dur à la maison, parfois. Je ne raconte rien de ce qui se passe, je ne veux pas me trouver d'excuses, je souhaite simplement qu'on me fiche un peu la paix, et à ma mère par la même occasion.

La CPE ne cherche pas à comprendre, elle se braque, fait monter la tension. Elle s'empresse de prévenir les surveillants et d'expliquer à qui veut l'entendre que j'ai été menaçant.

Leur premier réflexe : la croire. J'ai forcément tort. Je suis forcément coupable de quelque chose.

Le collège est fermé, les enseignants font jouer leur droit de retrait pour plusieurs jours, la situation devient très périlleuse. J'insiste. Je n'ai pas eu un geste de menace, aucun comportement violent, rien du tout. Je me suis juste tenu debout.

La police municipale va jusqu'à se rendre chez moi à la mi-journée, immédiatement après l'incident. Au moment où le collège a été fermé, il y a eu des tensions devant l'établissement et j'en suis rendu responsable, alors que, à ce moment-là, je n'étais pas présent. C'est la spirale infernale.

Je dois me rendre au commissariat pour me justifier. Ma mère insiste pour venir avec moi. Les policiers font monter la pression :

« On va te renvoyer au pays. Tu vas traire les vaches et les chèvres. »

Je me demande bien ce qu'ils racontent, mais ce n'est pas la dernière fois que j'entendrai ce genre de phrase. L'affaire fait le tour de la ville et du quartier en un rien de temps. J'apprends en fin de journée que je suis envoyé en conseil de discipline pour « violences psychologiques » sur la CPE.

Ce conseil sera l'un des moments les plus éprouvants de toute ma vie. J'y assiste avec ma mère. Nous refusons l'un et l'autre de parler de sa maladie, nous ne cherchons pas des excuses, encore une fois, nous cherchons à établir la vérité. Mais personne ne nous entend.

À l'unanimité sauf une voix, celle de la représentante des élèves, je suis renvoyé. Sans autre forme d'explication. Un renvoi définitif, alors que je suis à un mois du brevet et que, surtout, j'ai la conviction de n'avoir rien fait de mal.

Une représentante des parents d'élèves me regarde et me dit :

« Ce que vous avez commis, c'est une agression psychologique. Je vous laisse regarder dans le dictionnaire ce que ça veut dire. »

Le tout en faisant la leçon à ma mère sur mon éducation et en assurant que son fils est, lui, un excellent élève. Et pour cause, elle veille sur lui, elle. Tout cela de manière très hautaine.

Je n'ai pas oublié ce mépris et je ne l'oublierai jamais. Je savais parfaitement ce qu'il voulait dire, je suppose que pour elle je n'étais qu'un ignare, un immigré, un Noir.

Je me suis promis de ne plus jamais me laisser traiter de la sorte sans prouver à ceux qui veulent me rabaisser qu'ils font de mauvais calculs.

Je l'ai bâtie lentement, cette riposte. J'ai trouvé une place pour les dernières semaines de cours à Sarcelles, au collège Jean-Lurçat. J'ai dû loger chez ma tante Justine pour ne pas avoir à faire la route tous les matins. Bilan des courses, je n'obtiens même pas le brevet. Il faudrait s'intéresser au nombre de députés qui n'ont pas le brevet. Nous ne sommes sans doute pas nombreux. Sur le moment, le coup est sévère.

J'enchaîne avec un BEP tourneur-fraiseur, plus tard j'intègre un lycée pro, en spécialité production mécanique informatisée, à Enghien-les-Bains, où j'affiche de très bons résultats. À l'époque, je recroise la CPE qui avait provoqué mon expulsion. Je sens déjà dans son regard qu'elle s'étonne de me voir là. J'espère qu'elle est au courant de la suite.

Encore plus tard, après un BTS technico-commercial, j'obtiens une licence de marketing et négociation, option énergies renouvelables, avec des résultats encore meilleurs. Chacun de mes diplômes, je l'obtiens avec de meilleures notes et de meilleures appréciations des enseignants. Je bosse d'arrache-pied. Je veux faire mes preuves. Je gravis les échelons un à un.

Ce n'est pas simple, mais j'avance, et, au passage, je me dis une chose : des gamins comme moi, exclus pour rien, il doit en exister un paquet. J'ai eu la chance de rebondir, de trouver les ressources. Mais combien ont pu être brisés par de mauvais jugements ? Derrière moi, heureusement, j'avais une famille pour me soutenir et pour ne pas douter de ma parole ni de ma version des faits. Ma mère m'a cru. Quand elle m'a accompagné au commissariat ou devant le conseil de discipline, je n'ai jamais vu de reproche ou de doute dans ses yeux.

Encore une précision.

Après mon exclusion du collège, j'ai fait appel de la décision. Je refusais qu'on fasse de moi un garçon violent.

Et j'ai gagné.

En appel, quelques semaines plus tard, j'ai été blanchi.

Le boulot, rien que le boulot

La maladie et la disparition de ma mère coïncident avec mes débuts dans la vie professionnelle. Je m'y suis investi, sans calcul. Pour ne pas penser, j'ai bossé. Le boulot, le boulot, rien que le boulot.

Je ne pense pas avoir le profil type du député. Qu'on ne me raconte pas d'histoires, je connais la réalité du terrain. Et quand on parle de ceux qui ont commencé à travailler tôt, je connais un peu la chanson.

À dix-huit ans, je trouve un premier job en alternance. Pour vingt-quatre mois, je mets les pieds chez JMA France, spécialiste de la reproduction des clés. Ce n'est pas mon domaine.

Je sillonne tout Paris et l'Ile-de-France en tant que commercial itinérant à bord de ma Clio II. C'est le début de quelque chose, d'une forme d'émancipation. Ma mission : aller vendre aux artisans des machines à reproduire des clés.

C'est formateur. Les cordonniers n'avaient pas l'habitude de voir arriver dans leur boutique un gamin à peine majeur pour leur fourguer une machine à quatre mille ou cinq mille euros. J'ai fait des rencontres formidables. Je passais des heures à discuter avec ces hommes de cinquante, soixante ans, des hommes uniquement, coincés dans leur petit atelier, qui m'expliquaient en long et en large pourquoi ils préféraient garder leur vieux matériel. On s'installait et on parlait. Je me souviens en particulier d'un vieil artisan de la rue Lamarck à Paris. Qu'est-ce qu'on a discuté, tous les deux ! Il ne m'a jamais rien acheté, mais il m'a raconté sa vie, ses déboires, ses passions, la difficulté à trouver un repreneur… La vie, c'est aussi le temps que l'on prend à écouter.

J'ai beaucoup appris pendant ces années chez JMA. Le terrain, l'argumentaire, être pro.

Je travaille tellement, je suis si fatigué que je m'endors au volant un jour où je rentre tard. Heureusement sans accident.

Pour ma troisième année d'alternance, j'intègre une autre entreprise sans me douter que je vais y rester huit ans et y être embauché pour de bon. J'entame un bout de carrière chez AZ Metal.

L'entreprise est spécialisée dans les tubes en acier, en inox aluminium. J'arrive le premier, je pars le dernier. Quand je rentre dans le grand appartement complètement vide, je n'ai plus qu'à me coucher et à dormir. Surtout ne pas réfléchir.

Je fais la tournée des chantiers, je gère les sous-traitants qui installent les échafaudages sur des façades, je dois trouver des clients pour signer de nouveaux contrats.

Souvent, dans ces métiers, les sous-traitants et les ouvriers sont originaires du Congo, ça me facilite la tâche.

Là encore, du terrain, rien que du terrain. De l'échange direct, du contact, du relationnel, c'est largement dans mes cordes. Je finis par connaître Paris et la région par cœur, parfois je fais des petits sauts jusqu'à Reims ou Rouen.

Ça se passe bien, très bien même. L'entreprise est familiale, chaleureuse, je suis en confiance.

À Villiers-le-Bel, je rentre tous les soirs avec ma voiture siglée « AZ Metal », il n'y a pas de petite fierté. J'affiche la couleur.

Je marche si bien qu'il m'arrive ce que je n'aurais jamais imaginé au bout de quelques années : je me fais démarcher. On vient me chercher alors que je commence à tourner en rond. Deux chasseurs de têtes me contactent, c'est alléchant. J'hésite longtemps, jusqu'au tout dernier moment. Je dis oui, puis je dis non. Résultat, je reste, et AZ Metal crée même un poste de responsable d'agence rien que pour moi. Les sentiments ont parlé, j'étais chez eux quand j'ai perdu mes parents, ça m'a pris aux tripes, je suis un affectif.

C'est là que la réalité me rattrape. Une catastrophe, un mois plus tard. Au cours d'une réunion de groupe, je subis des propos racistes de la part d'un collaborateur, ça va très loin. Je suis marqué par l'absence de réaction de la part de mes collègues. Je n'exige rien, je ne demande pas de sanctions, je prends mes responsabilités et je pars. Sur ce point, j'ai une conviction : ils perdent quelqu'un, pas moi. Il ne faut pas avoir de regrets.

J'ai vingt-sept ans et je me retrouve au chômage. C'est tellement compliqué que je ne veux pas réclamer mes indemnités. Je n'y parviens pas. Je ne veux pas qu'on m'aide, je pense que je n'y ai pas le droit, que je dois me débrouiller seul. En parallèle, je commence des démarches, je ne reste pas inactif et, trois mois plus tard, coup de téléphone : on cherche un enseignant en économie et gestion pour des bac pro dans un lycée technique, le lycée Dorian dans le XIe arrondissement à Paris.

C'est un moment de bascule. Cette occasion, je refuse de la laisser passer.

J'enseigne à une quinzaine de classes de secondes, premières et terminales.

Ma seule crainte, c'est de retrouver mes problèmes d'élocution au moment de m'exprimer devant les élèves et de ne pas être au point sur la pédagogie. Quand on est contractuel, on est poussé dans le grand bain, à nous de nous débrouiller. Heureusement, avec le sport et le coaching, je sais comment motiver et encadrer. Le sport me sert aussi de ligne directrice dans ma méthodologie.

La première chose que me disent les élèves quand j'arrive, je m'en souviens, est révélateur :

« Est-ce que vous, vous allez rester ? On n'a pas eu cours depuis longtemps.

– Je suis endurant, rassurez-vous. »

Leurs trois derniers profs n'ont visiblement pas tenu longtemps, mais j'ai un double avantage. D'abord, nous n'avons pas un grand écart d'âge, ensuite, je suis direct.

Les jeunes qui veulent me tester, je connais leur jeu par cœur, j'ai été à bonne école. La capuche sur la tête, le portable, les écouteurs sur les oreilles, le refus de s'asseoir…

Je reste calme et ferme.

Je me souviens d'une discussion avec l'un d'eux, sur un ton constructif. Je suis honnête avec lui, je veux qu'il prenne ses responsabilités :

« Si tu n'es pas content d'être là, je peux le comprendre. Sois grand et responsable. Demain matin, au réveil, tu vas voir tes parents et tu leur dis que tu ne veux plus aller au lycée, tu assumes. J'étais étudiant il n'y a pas longtemps, je sais de quoi je parle. Pour l'instant, tu perds ton temps et tu déranges les autres. On verra demain si tu as été courageux. »

Il est revenu le lendemain et je ne l'ai plus entendu de l'année. La franchise fonctionne, parfois. Pour autant, au risque de paraître un peu froid, je suis le plus détaché possible. J'ai trop tendance à m'accrocher aux gens, je me méfie de la proximité et de ma sensibilité. Je ne peux pas me permettre de savoir ce qu'ils deviennent tous, même si la tentation est là. C'est pour la même raison que, par exemple, je ne suis pas devenu éducateur dans un club de foot avec des gamins. Je me reconnais en eux, j'ai connu le même chemin. Je garde donc mes distances. Je suis là pour leur donner des clés et je m'y consacre. Ce qui ne m'a pas empêché de prêter attention à mes élèves, surtout après la Covid, retrouvant des jeunes désabusés, dégoûtés et désinvestis. En devenant prof, contractuel, même, j'ai mesuré les impasses de ce métier à cause du manque de considération et de reconnaissance.

Mon salaire a dégringolé, mille sept cents euros net par mois. C'est ce que touche un prof remplaçant. Allez vivre avec ça en région parisienne ! Le respect, c'est aussi une affaire d'argent. Pour moi, c'était un choix, mais pas toujours simple à assumer. L'important, c'est que j'étais épanoui. J'ai bien vu à Villiers-le-Bel que les regards avaient changé, devenir enseignant à vingt-sept ans, ce n'est pas rien. C'est un métier du savoir. Et, dans mon cas, une forme de revanche aussi.

Moi qui ai été exclu en troisième, moi qui n'ai pas le brevet, après une expérience professionnelle dans le privé, imaginez le sentiment ! En quelques années, j'ai inversé et renversé toutes les prévisions pessimistes que l'on faisait sur moi, surtout au moment de mon exclusion du collège.

Après ma nomination comme prof, via Facebook, je propose à l'un des enseignants qui avaient voté mon exclusion au collège de prendre un café avec moi. Nous nous retrouvons dans le XXe arrondissement de Paris, près de Belleville.

Je me souviens de la manière dont je commence la conversation : « Maintenant, nous sommes collègues. »

Je pense qu'il n'en revient pas. Le chemin parcouru. Il est bluffé, je le sens. Il me fait une confidence : jamais il n'aurait pu imaginer cela pour moi. Il me présente des excuses. Je le rassure. Je ne suis pas là pour l'accabler ou pour exiger un « pardon », ça ne m'intéresse pas, mais je veux lui montrer que j'ai réussi. Au fond, cette exclusion m'a donné la niaque. Sur le coup, cela a fait mal, très mal, même, mais au bout de deux semaines ça allait déjà mieux, au bout de deux mois ça ne faisait plus mal, et au bout de deux ans je n'ai retenu que le positif.

J'ai recherché cet enseignant et tous ceux qui avaient voté contre moi après l'incident avec la CPE du collège. J'ai retrouvé la représentante de parents d'élèves qui m'invitait à consulter un dictionnaire. Je découvre alors que son fils a eu des difficultés dans la vie, qu'il n'a pas franchement réussi. Je n'ai rien dit, rien fait, je ne suis pas là pour en rajouter. Je voulais simplement prouver que personne n'est défini et condamné à l'avance.

La galère des transports

La nuit, chez moi, à Villiers-le-Bel, les étoiles sont plus nombreuses qu'ailleurs dans le ciel. Je ne fais pas de la poésie, croyez-moi ! S'il y a autant de lumières, c'est à cause des avions qui vont et viennent de Roissy-Charles-de-Gaulle, à quelques kilomètres de là. Le premier dès 6 heures, le dernier à 22 heures. Il a fallu attendre 2012 pour que les appareils les plus bruyants soient interdits avant et après ces horaires. Dans le quartier Derrière-les-Murs, la rénovation en partenariat avec Aéroports de Paris n'a commencé qu'en 2021. Une par une, les fenêtres sont remplacées par du double vitrage contre le bruit et le froid par la même occasion.

Ces avions ne sont pas seulement bruyants, même si nous finissons tous par ne plus les entendre ni les voir. Ce qu'on appelle l'habitude, je suppose. Ces avions racontent aussi les mondes qui nous enjambent. D'où viennent-ils, tous ces passagers ? Ils se posent là, tout près de chez nous, récupèrent bien vite leurs valises et foncent vers le centre de Paris. Tout paraît si facile. D'une certaine manière, il est pour eux plus simple de rejoindre le centre de la capitale que pour les habitants de Villiers-le-Bel.

À l'heure où nous parlons de discriminations, celle qui perdure par les transports est l'une des plus insupportables.

Le RER D est à ce titre le plus éclatant paradoxe. Je l'utilise encore pour rentrer chez moi, mais je suis souvent contraint de dormir dans mon bureau après les séances à l'Assemblée. Les trains ne roulent pas après 22 h 30. En réalité, non seulement ils ne roulent pas après, mais ils roulent affreusement mal avant. Il faut parfois attendre une quarantaine de minutes pour qu'un RER arrive à quai. S'il arrive. Tout est possible sur cette ligne, et pas pour le meilleur. J'ai déjà passé deux heures bloqué à l'intérieur. Quand je postulais pour des emplois, la question tombait souvent : « Vous êtes sur quelle ligne ? Le RER D ? Alors ça ne va pas être possible. » Trop de retard, trop d'aléas. Le RER vous brise, à la longue, c'est une tannée, vous êtes en sueur tout le temps, à courir pour rattraper un retard dont vous n'êtes pas responsable. Les transports ressemblent à une usure, lente et quotidienne. Je sais de quoi je parle. Je connais par cœur les bâtiments qui longent les rames, les arrêts successifs, Garges-Sarcelles, Pierrefitte-Stains, Saint-Denis… Les quinze minutes pour rejoindre le centre de Paris quand tout va bien, ces paysages, mélange de friches industrielles, de stades de foot, de logements sociaux, mais aussi ce maudit tunnel qui mène à la gare du Nord et dans lequel les arrêts « inopinés » sont interminables.

Je me souviens de ce jeune homme en larmes sur le quai, un matin. Il était en période d'essai. Un travail qu'il avait recherché pendant longtemps. C'était seulement son troisième jour, et pour le troisième jour de suite les trains étaient annulés les uns après les autres. Il était encore en retard. Sa période d'essai ne serait pas renouvelée.

C'est simple, cette ligne est en travaux depuis que je suis né. Dès que j'ai été élu, j'ai contacté le directeur de ce RER, il m'a dit qu'il y en aurait pour jusqu'en 2050. Je pourrai en profiter tranquillement quand je serai à la retraite.

Dans le même temps, le Charles-de-Gaulle Express, CDG Express, est en construction pour les riches voyageurs. Il reliera l'aéroport de Roissy à la gare de l'Est en vingt minutes pour la modique somme de 24 euros, contre 10,30 euros pour le RER B actuellement. Les priorités sont assez claires. On fait plus et plus coûteux pour ceux qui survolent les quartiers populaires que pour ceux qui y vivent. Quand je dis que tout est fait pour enjamber nos territoires. Ce n'est pas un slogan, c'est la stricte vérité, qui participe de l'invisibilisation d'une partie d'entre nous.

Paradoxalement, ce RER D est aussi le reflet de l'importance des habitants de ma circonscription, ceux qu'on a loués pendant le confinement, les travailleurs « en première ligne ». À un moment où certains s'amusaient à définir les commerces essentiels ou non, sur la ligne D du RER se massaient tous les jours les essentiels.

Si je vous raconte ce RER, ce n'est pas pour apitoyer. C'est pour expliquer pourquoi, dès que possible, ceux qui le peuvent quittent Villiers-le-Bel.

Qui pourrait le leur reprocher quand tout dysfonctionne, quand les services publics ne remplissent pas leur mission ? Je parle là d'une ligne qui va transporter en 2023 jusqu'à 600 000 voyageurs par jour. Ce n'est pas négligeable. Sauf à considérer que certains Français comptent moins que d'autres.

Le cas des transports est emblématique de cette effroyable casse sociale qui ravage le pays et fait peser un sentiment d'abandon d'autant plus lourd sur les plus fragiles d'entre nous. La liste ne s'arrête pas là.

Récupérer un courrier recommandé est parfois un combat dans les quartiers populaires. On ne compte plus les fermetures de bureaux de poste.

Dans les écoles, les enseignants sont à bout, en cas d'absence ils ne sont pas remplacés, les classes sont surchargées. Dans certains établissements du Val-d'Oise, les enfants gardent leur manteau en classe faute de chauffage.

Dans les hôpitaux, ce n'est pas mieux. J'ai passé une nuit au centre hospitalier de Gonesse avec mon collègue député Arnaud Le Gall pour recueillir les doléances des soignants. Tous les services sont en sous-effectif chronique. Le personnel doit assurer des services de douze heures, six jours sur sept, avec jusqu'à deux cents passages aux urgences en une même soirée. Il n'y a pas de place en neurologie, en cardiologie. Les patients sont parfois soignés dans les couloirs.

Je le dis et le répète inlassablement, la France des quartiers populaires n'est pas une sous-France. Elle a droit aux mêmes égards que le reste de notre pays. Ce n'est pas le cas aujourd'hui. On cherche à nous placardiser, à nous enfermer dans ce qui ressemble à des ghettos abandonnés par l'État. Je refuse que notre territoire, de même que ceux de Seine-Saint-Denis, des quartiers nord de Marseille, des banlieues lyonnaise ou lilloise, soient délaissés.

Le risque, dans ces situations, c'est le repli ou la fuite. Le repli sur soi ou le départ.

Soit on se résigne. Soit on se lève et on se bat. On abandonne ou on avance.

J'ai choisi d'avancer. J'ai choisi de rester et de ne pas me laisser faire. Je défends cette idée essentielle à mes yeux lorsque je suis en réunion publique. Le vrai monde, c'est ici. Je suis fier de vivre ici. Nous sommes indivisibles. Nous avons des idées politiques différentes, certes, mais la politique peut aussi nous rassembler dans un projet où l'humain est au centre.

Nous sommes l'avenir, nous n'allons pas faire demi-tour. Depuis toujours, je construis ma vie ici, dans l'est du Val-d'Oise, c'est d'ici que je commence la conquête.

Ce qui compte, c'est de sortir du sentiment d'humiliation qui peut nous dévorer. C'est de passer à l'action. Je n'accepte pas que des règles et des lois injustes s'imposent à moi et aux plus fragiles. Je pourrais baisser le regard et me taire. J'ai choisi une autre option. Et ce n'est pas nouveau pour moi. J'ai choisi d'agir. La porte de mes parents était ouverte pour accueillir ceux qui avaient besoin de soutien. J'ai décidé dès mon plus jeune âge de sortir à la rencontre des autres, de me mêler à la vie autour de moi. Cela a commencé tôt, par un choc.

Le choc du 21 avril 2002

« Il est 20 heures, voici notre estimation du résultat du premier tour de l'élection présidentielle. En tête avec 20 % des voix, Jacques Chirac. Énorme surprise, Jean-Marie Le Pen semble devoir être le second avec 17 % des voix. Vient ensuite Lionel Jospin… »

La voix du journaliste est porteuse d'un vent mauvais.

Il y a deux visages sur l'écran, dans le salon, dont un qui nous fait trembler de peur et de rage. Toute la famille est devant la télévision. Nous sommes sidérés.

Je n'ai que onze ans et la politique entre dans ma vie comme un cauchemar. Le FN est au second tour d'une élection présidentielle. Il faut remettre les choses dans leur contexte, nous nous sommes depuis habitués, si je puis dire, à voir le visage des Le Pen. À l'époque, ce résultat sonne comme un coup de tonnerre.

Ma mère se lève d'un bond, elle fait les cent pas, elle pleure devant nous, laisse éclater sa colère. Elle aimait Lionel Jospin et ce qu'il ouvrait d'espérances. Mes sœurs sont tétanisées. Je le suis aussi. Je les écoute évoquer le pire. Je ne sais pas bien qui est Jean-Marie Le Pen, je connais mal son discours et ses idées.

« Si cet homme est élu, si ce monsieur passe, nous allons tous retourner en Afrique. Ce monsieur est dangereux, c'est très grave », prévient ma mère comme si nous avions le moyen d'agir, comme s'il fallait commencer à préparer des valises. Un aller simple pour un continent que je ne connais pas, pour le pays d'origine de mes parents où je ne suis jamais allé et dont je ne sais pas grand-chose.

Ça n'a pour moi aucun sens.

Pourquoi devrais-je quitter mon pays? Je ne suis pas français, moi aussi? Ou alors moins qu'un autre? C'est un calvaire qui va encore durer deux longues semaines, jusqu'à la réélection de Jacques Chirac.

J'entends des mots qui auront très vite un sens concret. Je prends conscience des menaces qui me guettent et du rôle que chacun peut et doit jouer dans le jeu politique. Ma mère parle d'abstention (elle a dépassé les 35 % à Villiers-le-Bel au premier tour en 2002), elle parle des candidats trop nombreux à gauche, les Taubira, les Chevènement, les Mamère… Pendant des heures, les jours suivants, elle m'explique pourquoi les gens ne vont pas voter, ce qui les éloigne du scrutin, avec parfois le sentiment que cela ne sert à rien, que leur voix ne compte pas. Elle me décrit aussi l'attitude de la gauche de l'époque, la dispersion, le refus de l'unité, la confiance excessive; rien n'est jamais gagné. Je découvre la politique. J'y prends déjà goût.

Des thèmes – l'abstention, la division – qui ne cesseront par la suite de mobiliser mon énergie, ma volonté.

Je précise un point à ce stade. Nous sommes une famille qui parle de politique depuis toujours. Le sujet occupe de la place chez nous.

Ma mère est une fervente militante du parti socialiste, et la première personne qu'elle cherche à convaincre, c'est mon père, qui lui dit constamment qu'il va voter à droite. Les débats sont houleux entre maman fan de Jospin et papa fan de Chirac.

En 2002, c'est le premier scrutin présidentiel où ils ont le droit de vote, et pour eux c'est une consécration. Ma mère a obtenu sa nationalité française en 1995 et mon père en 2001 (après plusieurs refus pour incidents familiaux).

Ils n'allaient pas voter en même temps, mais j'accompagnais chacun des deux. Avant de partir pour le bureau de vote en 2007, par provocation mon père prévient qu'il va voter Sarkozy, mais, une fois dans le bureau de vote, il préfère Royal, sur ordre de ma mère. À chaque scrutin ce sera le même scénario après des longs débats très vifs. Je n'ai jamais su si mon père le faisait uniquement pour contrarier ma mère ou s'il était vraiment de droite.

Par ailleurs, il commentait la vie politique congolaise, et Mobutu qui avait pris le pouvoir au Congo en 1965 après un coup d'État et qui allait le lâcher beaucoup trop longtemps après. Les bouleversements qu'ont connus mes parents dans leur enfance, toutes ces secousses politiques les ont marqués. Ils en parlaient souvent, il n'y avait donc rien d'étonnant à ce que ma mère partage avec nous ses sentiments les plus sincères et spontanés en ce 21 avril 2002.

Combien d'enfants se sont couchés bouleversés par l'angoisse, ce soir-là ? Combien ont cru que leur vie allait changer pour de bon, et pour le pire ?

Cette frayeur, elle génère un sentiment terrible. Elle laisse la marque indélébile de l'incertitude. Comme si quelqu'un pouvait vous priver de votre identité, de votre pays, de votre maison, de vos amis, du jour au lendemain. Je me rends compte pour la première fois que mon pays ne m'est pas acquis et que je suis à la merci du racisme.

Cette journée est restée gravée dans ma mémoire. Comment oublier les larmes de ma mère et de mes sœurs, leurs yeux effrayés, la longue attente ? Au second tour, j'ai vu les gens se précipiter pour voter Chirac (la participation dans notre circonscription va bondir de douze points entre les deux tours).

Ce fut un choc et la naissance de ma conscience politique.

J'ai conservé depuis un dégoût profond pour l'abstention et un appétit dévorant pour les chiffres.

Je suis très agacé quand les gens ne se déplacent pas pour faire leur boulot de citoyens. Cela me fait enrager de voir que, dans une barre d'immeubles, tout le monde pense la même chose mais que personne ne va voter. En même temps, je les comprends. Quand tu es blessé par la vie, que le quotidien est trop dur, tu ne crois plus au changement possible.

Mes parents, Emmanuel Bia Finda et Georgette Mputu Bilongo, avec leur troisième enfant, en 1979, à la sortie de la maternité de Kintambo, Kinshasa, Zaïre.

À l'âge de trois ans, je pense beaucoup, déjà.

Notre famille en 1994 devant l'Assemblée évangélique Arche de Paix, à Saint-Denis.

Mes parents en 1984, à Aulnay-sous-Bois.

Mes parents et moi à Villiers-le-Bel, en 1997.

Papa Carlos Martens, prêtre catholique, père d'accueil des enfants Bilongo en Belgique, mort l'année de ma naissance et dont j'hériterai du patronyme comme prénom.

Tonton Cyriel Martens à l'arrivée du train à Bruxelles, pour m'accueillir en provenance de Paris, en 1997.

Papa Carlos Martens et son frère Cyriel en famille, au début des années 1980, à Nukerke Maarkedal, Belgique.

Tonton Cyriel Martens et maman Christiane en famille avec les enfants Bilongo, à l'occasion de mes six ans, en 1996, en Belgique.

En 2018, avec maman Christiane.

Avec tonton Cyriel Martens, en 2005.

En 2007, avec mon frère de cœur, Serko, dans le RER D.

Avec mes amis, lors du tournoi de boxe thaï Conceptuel Boxing, en 2018.

Avec les adhérents de mon association, lors d'un stage sportif
de deux jours à Chars, dans le Val-d'Oise.

Coach sportif, professeur et militant associatif
à Villiers-le-Bel, en 2018.

Avec Axel Disasi, défenseur de l'AS Monaco et de l'équipe de France, en 2021, à Villiers-le-Bel.

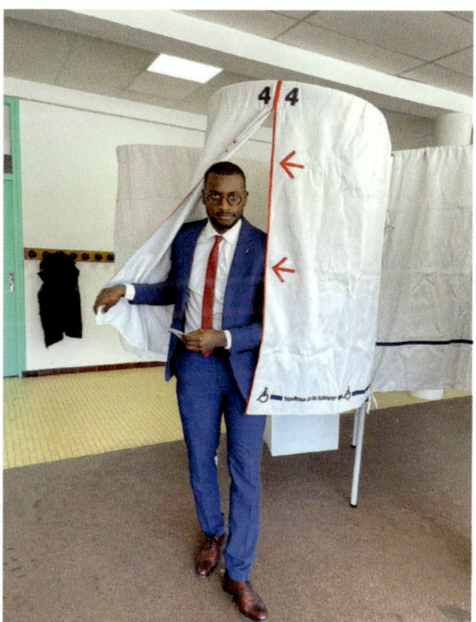

Candidat LFI aux législatives de 2022, je vote au premier tour à l'école primaire Ferdinand-Buisson de Villiers-le-Bel.

Lors d’une manifestation pour la régularisation des travailleurs sans papiers, à Paris, en 2023.

Affiche du comité d’accueil lors de ma visite en janvier 2023 à Kinshasa, RDC.

Visite de l'école ESMK à Kinshasa, en présence de Franck Mériau et Yvette Ikolo, directrice générale de l'École supérieure de management de Kinshasa, en janvier 2023.

Avec le président du Sénat de la République démocratique du Congo, Modeste Bahati Lukwebo, en 2023, à Kinshasa.

En commission des affaires étrangères à l'Assemblée nationale en 2023, aux côtés du président Jean-Louis Bourlanges. Avec Barbara Pompili, nous sommes co-rapporteurs à la COP 27.

Jeudi 3 novembre 2022, à l'Assemblée nationale, je suis interrompu au milieu d'une question au gouvernement par une insulte raciste venue des rangs du Rassemblement national.

J'entends des jeunes de dix-huit ans me répéter à longueur de temps qu'ils n'ont plus foi en la politique alors qu'ils ne sont jamais allés voter. Je le regrette et j'essaie de les convaincre de ne pas céder à des éléments de langage qu'ils s'amusent à balancer sans vraiment les assumer. À dix-huit ans, on ne peut pas renoncer. Le monde de demain est entre les mains des plus jeunes. Je me suis toujours battu pour la mobilisation dans la vie politique, pour l'investissement dans le jeu démocratique. Sinon, c'est la garantie de terribles désillusions.

Le 21 avril 2002 m'a appris aussi à regarder les chiffres. La politique est une affaire de calcul. Participation, résultats, quartier par quartier, je les connais par cœur, je les analyse, je les explique, je fais des listes comme avec mes quiz de foot. Plus tard, c'est comme ça que j'ai acquis la certitude que je pouvais gagner la circonscription. Tout n'est pas mathématique, mais si on se donne la peine de faire quelques repérages, alors on a plus de chances d'aboutir à ce qu'on veut. Mais, en 2002, c'est encore loin, très loin.

À ce stade, sur le plan militant, je vais peu à peu m'investir. Par étapes successives. J'agis et j'observe à la fois. Quand on a un caractère insoumis comme le mien, l'engagement dans un parti mérite toujours réflexion. Mais, une fois que je suis lancé, je me donne à fond. Il ne faut jamais avoir de regrets.

Naturellement, presque par réflexe, j'ai d'abord fait confiance au parti socialiste. C'est lui qui domine la ville, le secteur, le département, la région. Le PS a presque tout en main autour de moi. Enfant, je tracte pour Jospin en 2002 sur les marchés avec Khalid Zougagh, qui deviendra vingt ans plus tard le mandataire financier de ma campagne électorale. En 2007, je remets ça avec Royal, je participe un peu plus activement à la campagne en collant des affiches, en allant à quelques meetings, je donne de mon temps, j'adore l'ambiance d'une élection, je suis infatigable. Sauf que je ne vote pas encore.

Nouvel échec, Royal est battue. Nouvelle déception. Le parti socialiste me touche de moins en moins, je n'y crois plus, je ne m'y reconnais plus. Les élus PS ne parlent pas de moi, pas comme moi, ils ne savent pas ce que nous vivons, ils se tournent vers les centres-ville, les cadres, ils oublient les quartiers, la rupture est totale. Comment peut-on se prétendre de gauche, et délaisser les ouvriers et les employés ? Comment peut-on négliger ceux qui triment et se lèvent à 4 ou 5 heures du matin ? Ce n'est pas la gauche, ça. C'est un abandon. Je ne suis pas naïf, je comprends que c'est avant tout une stratégie, les convictions passeront après. Le PS a cru qu'il ne pourrait gagner qu'en allant séduire les cœurs des villes. C'est ce qu'il fait, en abandonnant derrière lui tous ceux qui ont pu croire au changement.

D'ailleurs, la victoire de Hollande en 2012 est d'abord la défaite de Sarkozy. Pour ma première présidentielle, en tant qu'électeur, je choisis le vote utile. Nous avons trop souffert sous Nicolas Sarkozy : l'épisode du karcher, son rapport à la banlieue, les émeutes à Villiers-le-Bel… Nous sommes fatigués, dans les villes populaires, d'être traités comme ça, sans égards, comme si nous n'étions que des voyous qu'il faut mater ou nettoyer. Quand François Hollande l'emporte, c'est une libération.

Je prends mon petit RER D et, comme tant d'autres, je vais faire la fête à la Bastille, je vois le nouveau Président sur la scène installée sur la place. Je suis heureux. J'y crois encore. Encore un tout petit peu. Il a prononcé des discours où il nommait les choses, mais il s'en est tenu aux discours. Il n'a rien mis derrière. Il s'est dégonflé. Ce qui va suivre n'aura été que trahison sur trahison.

Que fait Hollande de son élection ? La déchéance de nationalité. C'est tout ce qu'il a trouvé après les attentats. Que reste-t-il de son discours du Bourget, « l'ennemi, c'est la finance » ? La finance, il l'a davantage soutenue et encouragée que combattue. La protection des plus fragiles ? La loi El Khomri a fait tout l'inverse. Et je pourrais citer une liste interminable. Ce mandat n'est qu'une succession de déloyautés et de reniements. La déception est considérable. Cet homme n'a visiblement pas conscience, vu qu'il passe son temps à la télévision, du mal qu'il a fait à la gauche, le nombre de Français qu'il a pour longtemps dégoûtés des urnes.

J'en conserve de l'amertume et une conviction nouvelle. J'en tire des leçons. Il faut être plus dur. Il n'y a plus de place pour la compromission. Nous n'avons plus le temps de trouver des petits arrangements entre partis. La France s'enfonce dans la crise, dans les inégalités, dans la défiance. La réaction ne peut plus attendre. La radicalité est l'option la plus valable. C'est par là que cela passe. Il faut faire campagne autrement, avec et pour des valeurs de gauche. Je n'hésite pas longtemps avant de me tourner vers La France insoumise. C'est logique et cohérent.

Avec les Insoumis, les choses sont claires, il n'y a pas de demi-mesure. Ceux qui vous suivent et vous soutiennent savent pourquoi. Il y a de la franchise. Tu connais la direction, le cap, l'objectif. Ce qui n'empêche pas de savoir que les combats s'annoncent rudes.

J'en fais très concrètement l'expérience en m'investissant dans les campagnes suivantes à l'échelon plus local. Les élections régionales de 2021 restent comme mon baptême du feu. Je me démène pour la candidate Clémentine Autain et pour Paul Vannier qui est notre tête de liste dans le Val-d'Oise, en charge également des investitures pour les futures législatives. J'ai fait mes preuves à leurs côtés. J'ai agi en militant impliqué et convaincu, je n'ai pas compté mes heures, j'ai arpenté le terrain sans relâche. Une campagne ne se gagne pas derrière un bureau. Il faut connaître son territoire, rencontrer la population, entendre les doutes et le ras-le-bol, il faut aussi poser sur la table les enjeux d'un scrutin. La région, c'est elle qui finance les transports, et, vu les difficultés que nous rencontrons avec le RER D, c'est bien la preuve qu'une élection, c'est un enjeu concret.

À ce stade, la politique devient pour moi la déclinaison de ce que je faisais déjà depuis longtemps dans ma ville. À Villiers-le-Bel, tout le monde me connaît. Pour dire les choses autrement, la politique n'a été pour moi qu'une suite logique, qu'une étape après mon engagement associatif. Avant que débute la double campagne de 2022, présidentielle et législatives, j'ai fait mes preuves et j'ai affiné mon approche.

L'associatif, le sport et… l'attrait de la politique

J'ai très vite porté en moi une certitude : si à l'extérieur de Villiers-le-Bel personne ne nous valorise, il ne faut pas que nous nous mettions en difficulté chez nous. Pour cela, il faut être solidaire.

Si à l'intérieur, dans la ville, nous ne faisons pas les choses comme il faut, alors ça n'ira pas bien du tout. C'est pour cette raison que je considère que le tissu associatif nous maintient en vie. Quand l'institution est défaillante, il y a toujours des femmes et des hommes engagés qui font avancer le pays. Dans combien de situations les rideaux se sont-ils baissés et les militants associatifs ont-ils pris le relais ? Ce sont les fondements de ce que je suis et de ce en quoi je crois.

Ma crédibilité locale, je l'ai construite sur ces bases. Dès mes douze, treize ans, je me suis investi. Gamin, j'ai toujours traîné avec les plus grands du quartier. Je me suis imprégné, j'ai absorbé. Régulièrement, je continue à m'asseoir avec les anciens, je discute, j'échange. C'est ainsi que je mesure tout ce que nous devons réparer ou compenser. Bref, ce que nous devons faire. Il faut être en phase avec les attentes, les besoins, il faut avoir les antennes en alerte.

J'ai toujours refusé de rester assis dans mon canapé à attendre que les choses viennent à moi. Il y a une raison à cela : dans les villes populaires, rien ne vient jamais à nous. Il faut aller chercher ce que personne n'acceptera de nous donner.

Pour moi, les débuts se font dans la maison de quartier. Je participe aux activités, aux sorties, puis, dès que je peux je commence à les encadrer. Un pied dans l'action, dans le collectif. J'ai été élevé comme ça. On ne garde rien pour soi si on peut en faire profiter les autres.

Laissez-moi vous raconter une rapide histoire pour résumer ce que je pense et ce que je fais à l'époque. Du concret.

Avec mon meilleur ami, nous avons créé un groupe de rap, Serkoss Music. Mon frère faisait un peu de composition, je l'ai imité et vite dépassé. Au départ, nous rappions dans ma chambre, puis nous avons fini par trouver un studio pour enregistrer nos morceaux. Des textes engagés sur le thème de la vie de quartier, de la réussite, des potes, de nos origines… Il y avait quelque chose de libérateur dans le rap, un espace de relâchement où tout devenait possible, où l'on pouvait tout dire sans personne pour nous expliquer que ceci ou cela ne se faisait pas. On a sorti des CD que je vendais sur les marchés, puis donné quelques concerts. On formait un vrai groupe, c'était du sérieux. Dans la foulée, on a même monté notre marque de streetwear. On s'est pris au jeu, en sachant clairement qu'on ne ferait pas carrière, mais bien décidés à profiter du délire et des bons moments.

Et voilà qu'on ramasse un peu d'argent, les ventes des disques et des places de concert nous permettent de réunir de quoi nous faire plaisir. Mais que signifie se faire plaisir dans une ville populaire du Val-d'Oise ? Qu'est-ce que j'allais faire, à dix-sept ans, avec cet argent ? M'acheter des chaussures, rien que pour moi, rien que pour la frime ?

Si tu ne t'achètes que des choses pour toi ou pour ton pote, tout le monde te regarde. Tu vas surtout te faire des ennemis. C'est un mauvais calcul. Si tu redistribues, au contraire, la popularité augmente. Si vous n'êtes que deux à en profiter, à savourer rien que pour vous, vous allez créer de l'animosité. Il vaut mieux tout partager. Je le fais par foi.

Avec l'argent du rap, j'ai donc organisé un grand barbecue dans le quartier. J'ai acheté de la nourriture, des boissons, associé des commerçants et invité ceux qui le voulaient. C'est ce que j'appelle redistribuer. À l'époque, avec le bouche-à-oreille, la candidate à la présidentielle Eva Joly s'était même mêlée à la fête. Son équipe de campagne (Khalid Zougagh et Hyacinte Baka) m'avait contacté pour savoir si elle pouvait passer. Je n'avais aucune raison de refuser. Preuve que l'associatif et le politique ne sont jamais loin l'un de l'autre si on agit avec son cœur. C'est ce que j'appelle être investi dans la vie de la cité. Être dehors à essayer de créer du lien plutôt que de chercher à générer des tensions et des antagonismes. Il y a bien assez de motifs de se faire la gueule. Je crois qu'il vaut mieux se donner du mal pour trouver les mille bonnes raisons de nous rassembler.

Après cet épisode, je me suis démené, en parallèle de mes études. Avec l'association Vel et Bel, que j'ai présidée pendant plusieurs années, j'ai organisé des sorties culturelles, des voyages humanitaires au Sénégal ou en Côte d'Ivoire, développé des projets de jardins partagés au pied des immeubles. Si le bonheur ne vient pas à nous, il faut provoquer la chance et les opportunités. Il faut inventer des formes nouvelles pour s'amuser, se changer les idées, se cultiver, se détendre. Des sentiments ordinaires pour beaucoup de Français auxquels cela semble normal, évident. Ce n'est pas le cas chez nous.

Mais, rien que sur la culture, il faut mesurer le fossé. À Villiers-le-Bel, pendant mon enfance et mon adolescence, il n'y avait aucun lieu culturel. Pas de cinéma, pas de théâtre, une minuscule bibliothèque, pas de librairie… Le désert. Aujourd'hui, une médiathèque est sortie de terre, c'est mieux que rien. Qui peut douter que l'accès à la culture est fondamental ? Sans cela, c'est le néant.

Tous les vendredis, je quitte l'Assemblée avec un sac rempli de livres que je reçois. Je n'ai pas le temps de les lire, mais je ne vais pas les laisser moisir sur mes étagères. J'ai créé un groupe WhatsApp avec des gens de mon entourage dans le Val-d'Oise et je leur distribue les livres en fonction de leurs centres d'intérêt, de leur curiosité, de leurs envies.

C'est ma petite contribution au savoir, si précieux. Quand tu sais quelque chose, quand tu l'as lu ou appris, personne ne peut te l'enlever. En revanche, quand tu ne sais pas, c'est le vide, la défaite. Pour beaucoup de jeunes de banlieue, l'arrivée à l'université est un choc. Entre ceux qui ont eu accès à la culture et les autres, la différence est colossale. Certains rêvent de nous cantonner au silence, nous autres, enfants des quartiers, cela leur permet de nous coller sur le front une étiquette de violents et d'incultes. Il ne faut jamais renoncer aux espaces de créativité, à tout ce qui ouvre le champ des possibles, tout ce qui met le cerveau en effervescence. J'assume de ne pas avoir de référence sur bien des sujets. J'assume aussi de ne pas renoncer à changer cela. Même une petite ligne, ça suffit. Même une petite ligne, c'est déjà quelque chose. Quand je vais débattre à la télévision ou quand je réponds aux questions d'un journaliste, je suis sur un fil. Je n'ai pas les connaissances dont d'autres disposent. Je travaille pour rattraper mon retard. Je lis. Je consulte. Je compense. Et puis, après tout, je me dis aussi que le volume des connaissances ne fait pas tout et que cela ne détermine certainement pas mes convictions.

Le problème est identique pour le sport. Les infrastructures étaient dérisoires dans mon enfance. Pourtant, on sait l'importance de la pratique sportive pour la santé physique et mentale. Cela aussi, j'en ai fait mon credo.

À la mort de mes parents, j'ai senti la nécessité de ne plus penser à rien, de me vider, de m'épuiser par la pratique de la boxe thaï. Trois fois par semaine, mardi, jeudi, samedi, je suis allé suer au gymnase Paul-Langevin. Sous les lumières orange de la salle, sur le parquet ciré, parfois dans le froid parce que les murs étaient mal isolés, j'ai appris à donner des coups et à en recevoir: course, corde à sauter, sac, abdos... J'ai même fait quelques combats officiels dans ce qu'on appelle la classe B. J'aime la boxe. L'intérêt de ce sport, c'est que quand tu perds, tu ne peux t'en prendre qu'à toi-même. Tu es le seul responsable. Au foot, à la rigueur, tu peux mettre la défaite sur le dos des autres. Pas à la boxe, c'est plus radical. Si tu échoues, c'est que tu ne t'es pas assez entraîné, que tu n'es pas assez bon, que tu n'en veux pas assez. C'est tout. Fin de l'histoire. Je me suis parfois démené jusqu'à épuisement.

Peu à peu, je découvre l'ambiance du gymnase, les efforts conjoints avec les coachs Christian et Wilfried. À chaque entraînement, même si nous sommes seuls à nous dépasser et à affronter notre souffrance physique, nous avons un but commun. Et ce but commun, je ne veux jamais l'oublier.

Alors que je traversais des épreuves dans la vie, le sport m'a aidé. Il m'a permis de passer le cap, de continuer à fixer l'horizon, de ne pas céder au manque de mes parents emportés par la maladie. Là encore, comment pourrais-je garder cela pour moi ? Ma mère est morte d'un cancer contre lequel elle s'est battue pendant dix ans, comment pourrais-je ignorer que le sport est un élément essentiel de la santé de tous ?

Je décide donc de me former pour devenir coach sportif. Ce que j'ai reçu, je le rends. Je forme un éducateur sportif,

Jean-Paul Gomis, qui dirige aujourd'hui les séances. C'est un juste retour des choses.

Dans le même gymnase Paul-Langevin, j'organise des cours, d'abord gratuits, puis à quarante euros le trimestre, juste de quoi couvrir les frais, chacun fait un peu selon ses moyens. Le but n'est pas de gagner de l'argent. Je suis à la manœuvre. Je mets en place des chorégraphies qui reposent sur les bases de la boxe. Sur de la musique, je fais travailler le cardio, j'applique des méthodes de fitness. Au plus fort, j'aurai face à moi jusqu'à cinquante personnes par cours. Mon activité de coach prend beaucoup de place dans mon agenda, d'autres arrivent sur le marché, je fais des émules, après tout c'est le jeu, et tant mieux si tout le monde s'y met.

Comme je me sens bientôt à l'étroit et qu'il faut pouvoir s'approprier sa ville, je me tourne encore vers l'extérieur. C'est comme ça que je lance des courses à pied dans Villiers-le-Bel. Je n'ai pas obtenu l'autorisation pour faire bloquer la circulation, alors les participants courent sur les trottoirs. Mais c'est déjà une belle victoire. J'élargis encore l'idée en organisant des balades à vélo pour découvrir la ville autrement. Quand je dis que je ne veux pas quitter ma ville, que je veux œuvrer là-bas, c'est avec l'idée que les habitants doivent aussi pouvoir s'amuser chez eux, dans leur quartier, dans leur monde, que ce n'est pas réservé à ceux qui en ont les moyens. Les hommes et les femmes : hors de question de faire des distinctions.

Des femmes, je vais en emmener dix jusqu'à Miami. Ce voyage me tenait beaucoup à cœur. J'adore cette ville, le mélange des cultures, entre les quartiers haïtiens ou hispaniques. Ce mélange des cultures que l'on retrouve à Villiers-le-Bel où les communautés vivent ensemble, avec leurs histoires et leurs traditions.

En Floride, l'ambiance est détendue, c'est une autre vie, une autre mentalité. Le climat aide, évidemment, mais ce n'est pas la seule explication.

En décembre 2016, nous partons donc au soleil de Floride pendant une semaine. Quel souvenir ! Je sais que pour certaines d'entre elles ce sera le voyage d'une vie. Je me suis occupé de tout. J'ai pris les billets, j'ai loué un Airbnb. Il y a une chambre pour moi et les filles sont toutes dans un dortoir. Nous faisons du sport pendant une bonne partie de la journée, j'ai trouvé d'autres coachs pour organiser des sessions sur la plage, dans la douceur de Miami. Je veux partager avec elles cette culture du sport et du bien-être. Même si on cède parfois à la junk food américaine, nous parlons aussi nutrition, alimentation, parce que tout est lié dans mon esprit, qu'on ne peut pas réfléchir au sport-santé sans réfléchir à ce qu'on consomme tous les jours. Cette semaine a été intense et réjouissante.

Pourquoi je prends ce genre d'initiative ? Pour parler et offrir un moment d'émancipation. Ce voyage va leur permettre de découvrir autre chose que les murs de Villiers, une autre façon de vivre. C'est un processus de réflexion qui débute. C'est soudain la possibilité de se faire plaisir, à soi, rien qu'à soi. Ce sont des mamans, célibataires ou pas, dont la vie se résume souvent à ce rôle de mère de famille, aux tâches quotidiennes pour lesquelles personne ne les valorise. Miami ouvre d'autres perspectives, et c'est l'occasion de prendre une place à part entière, de vivre pour soi.

Et puis, Miami, c'est un peu comme Malibu à l'époque, on pense à ces images de sauveteurs en mer, la référence de ceux qui pratiquent du sport en plein air. Disons que c'est un repère culturel. Là encore, le signal est important.

J'ai appris beaucoup avec le sport, j'ai fait des rencontres formidables, j'ai partagé des moments de joie avec des voisins ou des inconnus et même quelques stars.

Par l'intermédiaire d'un ami commun, j'ai eu la chance de coacher la compositrice et interprète Aya Nakamura. Alors qu'elle vient de connaître un succès fulgurant avec son tube « Djadja », je vais régulièrement la chercher chez elle, nous allons ensemble dans une salle de sport et je lui fais réaliser des exercices pour lui permettre de faire face à l'intensité de la tournée qui se prépare. J'en conserve un très bon souvenir. Quand je vous dis que le sport permet de tisser des liens, toutes sortes de liens !

Si j'ai fini par moins m'investir dans ce domaine, je ne perds pas de vue la nécessité de structurer l'offre sportive, jusque dans les villes populaires qui sont dépourvues de presque tout.

Vous aurez compris que c'est comme ça que, au fil des ans, j'ai tissé ma toile dans Villiers-le-Bel. Ma sœur Mizou, expatriée pendant quelques années aux États-Unis, était toujours étonnée, lors de ses visites, de voir que les gens me reconnaissaient, que je connaissais de plus en plus de monde, que je prenais le temps d'échanger avec les uns et les autres. Je n'appelle pas cela de la notoriété, mais de la présence à ma ville. Je ne suis pas déconnecté du terrain comme tant d'autres. Je sais ce qui se passe chez moi. Je sais ce dont souffrent les habitants, je sais ce qui leur fait du bien et je sais parfois comment répondre à des crises.

Pendant les confinements liés à la Covid, nous n'avons pas vécu la même expérience dans les quartiers populaires que dans le centre des grandes villes ou dans les résidences secondaires de quelques privilégiés. Nous ne vivions pas dans le même pays à ce moment-là. Si la guerre arrivait chez nous, je peux vous assurer que nous n'aurions pas de mal à faire face aux restrictions.

Moi qui hais les injustices au plus haut point, nous étions en plein dedans pendant la crise sanitaire.

Très vite, je mesure combien l'épidémie et ses conséquences vont peser sur les habitants, certains d'entre eux en tout cas. Je commence par écrire à la préfecture. Aucune réponse. Ensuite j'écris à la mairie de Villiers-le-Bel. Aucune réponse. J'avais la possibilité d'attendre comme tout le monde que la pandémie finisse par s'éteindre, en croisant les doigts pour être épargné. Ce n'est pas ma manière de fonctionner.

Je commence donc avec mes amis Karima Daoud, Vafi Sylla, Amour Laurendot, Saibou Doucouré, et notre association, à faire la tournée des magasins pour récupérer les invendus alimentaires. Avec le temps, j'ai fini par être identifié, reconnu et respecté dans ma ville, grâce aux courses que j'ai organisées notamment. Les commerçants me font confiance.

Autre avantage, à force d'être sur le terrain depuis des années, je sais quelles familles sont en difficulté. J'en identifie une dizaine, puis une centaine... Je commence les tournées quotidiennes. Je le fais tout seul. Je suis pendant longtemps l'un des rares à sortir. Les premières courses, il m'arrive de les payer de ma poche. Je les livre moi-même devant la porte. Quand vous êtes en bonne santé, quand vous en avez les moyens, il est de votre responsabilité de vous mobiliser. Ce qu'on peut faire, il faut le faire.

Le confinement est prolongé et les besoins deviennent de plus en plus criants. La crise sanitaire, dans les quartiers populaires, c'est aussi et surtout une crise économique. Les dégâts sont considérables. Qui mesure, à l'époque, l'étendue du problème ? Personne.

Je vais finir par mobiliser jusqu'à soixante-dix bénévoles. Un patron nous prête une salle dans laquelle nous mettons sur pied une grande épicerie sociale en espérant qu'elle soit le plus éphémère possible, mais l'épidémie s'éternise.

Au total – j'ai fini par faire le calcul (ma passion des chiffres et des tableaux Excel) –, au total nous avons aidé 8 000 familles à Villiers et dans les villes voisines.

Cela ne relève pas d'un miracle, mais d'un mouvement de solidarité, d'entraide. Cela souligne la puissance du collectif. J'ai aimé embarquer avec moi des jeunes du quartier, leur démontrer que chacun a un rôle à jouer. Ces jeunes se sont aperçus pendant la pandémie qu'ils pouvaient être acteurs et que leur investissement servait concrètement à d'autres. De la même manière qu'un bulletin de vote peut changer quelque chose, que participer à une campagne peut faire bouger les lignes. Il ne suffit pas de s'enfermer dans ses problèmes, il faut chercher les réponses ensemble. J'entends parfois des amis ou des proches me dire que j'émets de « bonnes ondes ». Tant mieux. C'est le but.

Mais je ne suis pas dupe. L'associatif, l'énergie et la passion que je mets dans le sport, l'entraide, la redistribution, j'en connais les limites. Distribuer tous les mois un panier alimentaire qui va aider une famille pendant une semaine, cela veut dire que pendant trois semaines cette même famille va traverser une longue galère. Quand je demande des subventions pour soutenir mes actions, si jamais j'ai l'honneur d'avoir une réponse, on m'explique qu'il faut attendre le prochain budget, que les priorités changent, que la mairie mise sur d'autres dispositifs. On me demande de patienter, pour faire simple. Sauf que les moyens, j'en ai besoin tout de suite, pas dans six mois ou un an. Une famille en difficulté, elle est en souffrance maintenant, pas plus tard.

L'associatif est souvent empêché par le politique. En tout cas, ce sont deux mondes parallèles dont les intérêts ne sont pas toujours concordants ni compatibles. Alors j'ai réfléchi, mais pas bien longtemps. Je me suis rendu à l'évidence. Mon action associative était soumise à des restrictions que je ne supportais plus : trop de contraintes, trop de paramètres dont je ne voulais plus entendre parler.

Si ça bloque quelque part, alors débloquons la situation par un autre moyen.

J'ai poursuivi autrement mon implication dans la vie de la cité et j'ai décidé à ma manière d'agiter le cocotier politique. Cette fois, il ne s'agissait plus pour moi de coller des affiches, de distribuer des tracts ou de mettre un bulletin dans l'urne.

Non. Il était temps d'aller plus loin et de voir plus grand.

J'ai entendu : « Tu n'as pas le profil, c'est perdu d'avance, ne te trompe pas de combat. » Je répondais : « Je ressemble plus au visage de la France que beaucoup d'autres qui sont élus, et parfois depuis des décennies. »

Je connaissais mon territoire comme personne. Je l'avais parcouru en long, en large et en travers. Je suis monté dans les étages des immeubles, j'ai frappé aux portes, j'ai discuté avec les jeunes et les moins jeunes. Pour représenter des Français, il faut les connaître, et pas seulement à travers des graphiques ou des sondages. Je parle du vécu. Je parle de ce qu'on a ressenti soi-même. La politique par l'exemple et par la preuve.

Le temps était venu. Cette fois, il s'agissait pour moi de mettre mon nom sur les affiches que j'irais moi-même coller, sur les tracts que j'irais moi-même distribuer, sur les bulletins que je continuerais à mettre dans l'urne.

Combien de fois ai-je croisé des habitants du Val-d'Oise m'expliquant que la politique ne sert à rien.

J'ai répondu à ma manière. J'ai décidé d'aller voir et de juger par moi-même.

J'entre dans l'arène

Pour toutes les raisons que je viens d'évoquer, quand je commence à battre le pavé pour La France insoumise en 2021 je suis parfaitement identifié et connu dans Villiers-le-Bel, et même dans les villes voisines comme Sarcelles ou Garges-lès-Gonesse.

Mon parcours est cohérent. Il repose sur l'expérience. Je suis parti de la base et non l'inverse, ce qui me permet d'être efficace et convaincant. Les habitants me font confiance. Ils savent ce que j'ai fait pour eux et avec eux. Ils savent que ma parole a de la valeur, que si je m'engage ce n'est pas pour rien.

La présidentielle s'ouvre. Un jour, je déboule chez l'une de mes sœurs avec un bouquin, le visage de Jean-Luc Mélenchon en couverture. Il y a des rires, quelques moqueries, mais il en faut plus pour me décourager. Je suis là pour gagner. La présidentielle d'abord. Les législatives ensuite. Nous sommes en décembre 2021, personne ne me croit lorsque je dis que je veux être candidat.

« Vous allez voir. »

Je sais ce que je dis. Je me répète. Je réponds à ceux qui doutent, qui m'expliquent que c'est David contre Goliath, surtout dans cette 8e circonscription du Val-d'Oise. On en revient toujours à la même idée. Ce n'est pas pour moi, pas pour nous, nous n'avons pas la bonne tête, pas le bon réseau, pas les bons réflexes.

Sauf que j'ai fait mes calculs avec la tendance des régionales, la suite d'ailleurs me donnera raison : il y a de la marge. La graine est plantée, et, si je m'y prends bien, je peux récolter les fruits dans quelques mois.

Dans la famille, les débats sont animés. Tout le monde n'est pas sur la même ligne France insoumise. Aucune importance. C'est très bien, la contradiction. C'est même indispensable pour peaufiner ses arguments. Certaines de mes sœurs ne me cachent pas leurs doutes : suis-je prêt ? Vais-je tenir ? Mais elles ont compris qu'il ne faut pas aller contre sa destinée, qu'il y a une suite logique et une évidence à me voir plonger pour de bon dans le bain politique.

Une fois encore, la campagne est intense. Nous avons le repère de 2017 en tête : le second tour nous a échappé de peu. Cette fois, c'est la bonne, j'en suis convaincu. Je me donne sans compter. Nous sommes déterminés, il peut se passer quelque chose d'extraordinaire. Pour une raison simple et claire, comme le dit un jour Jean-Luc Mélenchon : « La France qui se cherche, le peuple qui tâtonne, regarde vers nous et se dit : voilà la France, voilà celle que nous voulons. » Il lance un appel « aux fâchés qui ne sont pas fachos ». Cette campagne doit redonner de l'espoir et des perspectives. La colère doit être utile.

Et, encore une fois, il ne manque presque rien.

Le soir du premier tour de la présidentielle, mon cœur balance. Les Insoumis sont installés et indéboulonnables au sommet de la gauche, la qualification pour le second tour était si proche. C'est rageant. Ce n'est pas faute d'avoir tout fait pour mobiliser les électeurs.

Mais il y a des signaux intéressants. La bataille n'est pas encore terminée. J'ai sorti mes fichiers, mes notes et mes chiffres. Chez moi, Mélenchon a fait des scores impressionnants : 60 % à Garges-lès-Gonnesse, plus de 54 % à Villiers-le-Bel, 48 % à Sarcelles.

Ce dimanche d'avril 2022, j'ai vu des scènes que je n'imaginais plus. Des files d'attente au bureau de vote de mon quartier, et dans cette foule beaucoup de primo-votants. Quand on regarde les niveaux de participation des jeunes en Seine-Saint-Denis ou dans les quartiers nord de Marseille, on mesure combien Jean-Luc Mélenchon a réussi à endiguer l'abstention dans certaines catégories de population. Le signal est puissant. Presque partout, nous doublons le score par rapport aux scrutins précédents. Voilà la bonne nouvelle et ce sur quoi je veux bâtir. Tout n'est pas parfait, c'est vrai, le chemin est encore long pour fédérer autour de la candidature Insoumise, mais la dynamique est nette. La gauche, notre gauche, doit avoir les voix des quartiers populaires, une implantation sérieuse, comme l'avait le parti communiste. Assez de cette supposée gauche qui tourne le dos aux quartiers. Les temps ont changé.

Le troisième tour est ouvert.

Si LFI me fait confiance, je sais que je vais gagner dans cette circonscription du Val-d'Oise. Encore faut-il que je sois candidat aux législatives. Et, la principale épreuve, c'est celle-là, au fond.

Moi qui ai goûté de près aux frayeurs de la division, comment pourrais-je m'opposer à l'unité des listes ? Pour la deuxième présidentielle de suite, aucun candidat de gauche ne parvient au second tour. Il est impensable de laisser filer les législatives, il y a encore un moyen de pousser Emmanuel Macron à une cohabitation. J'en suis convaincu et je ne suis pas le seul. Mélenchon Premier ministre, c'est l'objectif. Il est réalisable.

Et chacun s'en donne les moyens. C'est une énergie formidable qui monte. Tout s'accélère avec l'unité. À partir de là, je n'ai plus la main. La suite se joue loin de moi, entre les directions de parti.

Les négociations s'ouvrent pour un accord. D'un cas à l'autre, c'est plus ou moins facile.

Le 28 avril 2022, Générations, le parti de Benoît Hamon, dit oui.

Le 2 mai 2022, Europe Écologie les Verts dit oui.

Le 3 mai 2022, le parti communiste dit oui.

Je vois apparaître des candidatures un peu partout en France qui me réjouissent. Aux élus LFI se mêlent des associatifs, des syndicalistes, des artistes et des acteurs des quartiers. C'est un peu la concrétisation de ce que tous les militants font sur le terrain depuis des années, c'est le peuple qui devient reconnu et responsable. Les profils de Rachel Keke, issue de la mobilisation des femmes de chambre de l'hôtel Ibis Batignolles, celui d'Aline Lo Tutala qui anime une association pour en finir avec les passoires thermiques… L'une sera élue députée, l'autre deviendra suppléante.

Je suis heureux d'observer ce mouvement, ce lien qui s'établit enfin entre la politique institutionnelle et les intérêts des quartiers. Le programme des législatives en est le reflet. Quand nous défendons l'augmentation du Smic, la réforme en profondeur de la police, la suppression de Parcoursup, la création de la garantie autonomie jeunesse, nous parlons la même langue que les jeunes et les précaires, nous parlons de ce qu'ils vivent et ressentent. Pour résumer, nous sentons monter un enthousiasme contagieux.

Mais, pour moi, une question demeure : vais-je avoir ma place dans cette grande maison commune ?

Pour tout dire, c'est surtout le PS qui m'inquiète. Je sais qu'il est question de placer un socialiste dans ma circonscription. L'histoire ne joue pas en ma faveur. À l'exception d'un bref passage du RPR, cette circonscription est un bastion du PS depuis plus de trente ans. Dominique Strauss-Kahn y a été élu dès 1988. François Pupponi a pris le relais avant de changer plusieurs fois de parti, façon girouette, et rejoindre finalement la Macronie. En toute logique, le candidat doit être socialiste. En toute logique. Un ancien député, ex-suppléant de Manuel Valls dans l'Essonne, doit être parachuté sur notre territoire.

S'il y a un accord entre LFI et PS, je ne serai pas investi. Franchement, je ne donne pas cher de mes chances. Je ne suis pas un gamin de la politique, je ne peux pas lutter contre les apparatchiks qui savent manœuvrer depuis des années. D'ailleurs, encore une fois, je ne pèse rien dans les discussions. Si les appareils et les logiques d'arrangements l'emportent, je ne pourrai pas obtenir ce que j'espère.

Comme tout le monde, je regarde l'évolution des négociations sur BFM TV avec mes sœurs et mon frère, à distance… L'attente est interminable. Autour de moi, plus le temps passe et plus le pessimisme l'emporte.

J'ai conscience que seuls comptent le contenu, l'engagement commun, sur la retraite à soixante ans, sur la planification écologique, sur l'Europe, sur l'instauration d'une VIe République, mais je suis dévoré d'impatience de savoir si, oui ou non, je vais pouvoir me frotter au scrutin.

Dans l'Assemblée nationale sortante, il n'y a que 35 députés « racisés » sur 577, et encore c'est le record sous la Ve République. Mon profil est différent, je suis atypique en politique. Sans oublier que je suis jeune, que je suis un enfant du cru, que je suis un nouveau visage. Si La France insoumise participait aux législatives sans alliances, il ne fait aucun doute que mon nom serait validé. Pardon de le dire, mais j'ai la gueule de l'emploi. Parce que j'ai fait mes preuves. Mais là…

Il est tôt le 4 mai 2022 quand la nouvelle tombe. Accord signé. Alliance scellée. La Nouvelle Union populaire écologique et sociale, la Nupes, est au complet, le PS est de la partie. Mes espoirs s'envolent. Je pose mon téléphone, pour moi c'est terminé.

Je ne me souviens pas de ce que j'ai pensé pendant ces quelques minutes. Le silence peut-être, le besoin de trouver tout de suite un autre objectif, me relancer sans traîner. Suis-je alors découragé? Suis-je abattu? Je finis par décrocher à un appel. Ma sœur France-Lise veut me remonter le moral après l'accord tombé cette nuit. Je suis chez moi, je ne consulte pas les messages de mon téléphone, mais vers 14 heures je me décide à ouvrir l'application Telegram et je vois un message reçu de Paul Vannier vers 9 h 30 me disant que je serai le candidat sur la 8e circonscription du Val-d'Oise. J'ai appelé Paul vers 14 h 30 pour me faire confirmer cette information.

Je n'en crois pas mes oreilles. Les Insoumis ne m'ont pas lâché, mieux que cela, ils m'ont défendu jusqu'au bout. Hors de question pour mon parti de ne pas soutenir ma présence dans la circonscription. Je l'apprendrai plus tard, la direction a tapé du poing sur la table. Bilongo? C'est non négociable. À partir de là, plus rien ne pouvait m'entraver. Le renouveau tient aussi à cela. Il n'y a pas de compromissions, il n'y a pas d'arrangements avec la vérité du terrain, il y a les évidences. Plus tard, quand je pourrai échanger pour la première fois avec Jean-Luc Mélenchon, il me dira, une main sur mon épaule: « Carlos Martens Bilongo, j'ai entendu parler de toi déjà deux cents fois. »

C'est par mon investissement que j'ai réussi à gagner ma place, et c'est uniquement sur quoi je veux être jugé.

J'entre donc dans l'arène avec le soutien sans faille de LFI.

Mon élection

Quand on observe la politique de l'extérieur, on ne mesure jamais assez la violence et la dureté de ce milieu. L'affrontement a été pénible. Moi, j'y étais préparé. Mes proches sans doute beaucoup moins. Les insultes, les menaces, les intimidations. J'ai trouvé face à moi un adversaire, en particulier, qui n'avait pas l'intention de débattre programme contre programme, idées contre idées. Je le soupçonne d'ailleurs de n'avoir jamais eu vraiment de convictions. François Pupponi a compris très vite que, contre moi, ses chances de victoire se réduisaient à pas grand-chose. Il a donc lâché les coups.

Dans le jargon politique, on dit de ce genre de personnage que ce sont des « barons locaux ». « Baron », c'est le terme: tout pour lui, presque rien pour ses administrés. Si Pupponi est une « figure locale », alors ce n'est pas glorieux. En tout cas, il a l'avantage de me servir de contre-modèle parfait. Nous ne sommes pas faits du même bois, lui et moi. Il y a ceux qui passent leur temps dans leur bureau sans rien connaître du pays et il y a les autres. Je fais partie des autres.

Dès 2017, le crime politique est signé. François Pupponi est candidat pour le PS aux législatives et il s'empresse de faire venir, en pleine campagne du second tour de la présidentielle… Emmanuel Macron, pour jouer au foot ! Quelques semaines après avoir été élu avec l'étiquette socialiste, il ira grossir les rangs de la majorité. Comment voulez-vous établir un lien de confiance avec les électeurs après ça ? Et c'est valable à droite aussi.

En juin 2021, je suis invité du plateau de VOnews en direct du conseil départemental du Val-d'Oise, à Cergy, au soir du second tour des élections régionales. La droite va savourer du champagne et des petits fours avec ses équipes. Pourtant, ce jour-là, à peine 20 % des gens sont allés voter. J'ai compris que la Ve République était morte et qu'il fallait à tout prix renouveler les élus. Pupponi est le symbole d'une République à bout de souffle. Les « barons locaux » doivent prendre leur retraite.

Si je dis cela, ce n'est pas par vengeance politique personnelle malgré les manœuvres honteuses. À mes yeux, le plus grave est d'être négligent. Négligent envers les habitants du Val-d'Oise d'abord. Comment peut-on si peu agir pour ses administrés et les connaître si mal ? Comment peut-on, dans ces conditions, oser se représenter encore et encore, sans jamais rendre des comptes sur son action ? La preuve par les chiffres, ils sont publics : pendant son dernier mandat, il n'a participé qu'à 77 % des votes solennels à l'Assemblée quand la moyenne pour les députés est de

91 % entre 2017 et 2022. Ce n'est en rien anecdotique, les votes solennels sont les plus importants. Je trouve cela inacceptable pour un élu de la région parisienne. Ce sont aussi des comportements qui détruisent la crédibilité des parlementaires. À ce jour, j'ai participé à 100 % de ces votes.

Il a été aussi négligent avec moi, ne mesurant pas que je connais la circonscription comme personne. Ce n'est pas grave, mais il va lui en coûter le siège sur lequel il était confortablement assis depuis trop longtemps.

La campagne législative a été aussi courte qu'intense. J'applique ma méthode grâce à mes tableaux et mes statistiques. J'évalue le nombre de militants nécessaires pour inonder la circonscription. Il faut cent personnes en simultané pour être partout à la fois. Je suis moi-même partout à la fois. Je me déploie à tous les niveaux. À ceux qui m'expliquent que tout est déjà perdu puisque Jean-Luc Mélenchon a été battu, je réponds que la politique est un temps long, qu'il faut persévérer, insister. Voter prend cinq minutes. Un changement profond peut prendre plusieurs années. Plus le combat est rude, plus la victoire est belle.

Je vais, inlassablement, convaincre mes militants associatifs qui iront faire campagne. Ce sont mes voisins, mes amis, des connaissances, d'anciens camarades de sport, des familles que j'ai aidées pendant la pandémie, des inconnus qui savent que, s'ils ne votent pas, ils ne mettent pas en place de rapport de force. Voilà où est le péril. Ma suppléante Ophélie Sauger, enseignante d'italien, militante au POI et syndicaliste FO, a une belle expérience qui fera de nous un duo efficace.

Macron promeut le bloc libéral, celui qui veut écraser l'humain au profit de ceux qui ont déjà tout et trop.

Le Pen défend un bloc néo-fasciste, on voit avec Trump ou Giorgia Meloni que nous ne sommes jamais à l'abri de rien.

Nous, Insoumis, avec la Nupes, nous sommes l'alternative, la voie nouvelle et émancipatrice, la troisième option. Le tempérament de Jean-Luc Mélenchon n'a pas laissé indifférent. Son esprit de révolte, son refus d'abandonner malgré les cabales contre lui le rendent très apprécié. À force d'obstination, nous avons réussi à convaincre qu'il ne fallait pas se résoudre à être dégoûté par la présidentielle, mais se persuader que le troisième tour se jouait aux législatives.

Sur le plan purement politique, j'ai très vite compris. En dépit de l'unité souhaitée de la Nupes, les maires de Villiers et de Sarcelles, Divers gauche et socialiste, n'appellent pourtant pas à voter pour moi. Ils ménagent leurs options selon le résultat à venir du premier tour. Les résultats ne leur laisseront pas le choix.

Les résultats ne leur laisseront pas d'autres options.

J'ai treize points d'avance au premier tour. Pupponi est en chute libre par rapport à l'élection de 2017. Hors de question de célébrer quoi que ce soit tant que le travail n'est pas terminé. Nous constatons tout de même que les candidats Nupes et de la gauche sont beaucoup plus nombreux qu'en 2017 au second tour, et que nous sommes alors le premier parti de France.

Dans l'entre-deux-tours, je précise mes intentions aux grands élus de ma circonscription. Je ne suis pas là pour amuser la galerie, mais pour durer et transformer en profondeur la vie politique.

J'obtiens gain de cause. Preuve, l'onction du vote aidant, que le jeune Bilongo est devenu crédible. Dans un communiqué commun, les élus locaux m'apporteront un soutien clair. Malheureusement, à l'échelle nationale, tout le monde n'a pas fait preuve de la même clarté, je vais y revenir.

61,72 %.

Le chiffre officiel et définitif est sans appel. Je ne suis pas d'une nature à me contenter d'un succès, mais tout de même… Quelle fête ! Quel honneur ! Quelle joie ! C'était France 98. Une liesse incroyable, entre les drapeaux français, *La Marseillaise*. Je ne sais plus si je suis un joueur de foot ou un nouveau député. C'est ma finale de Coupe de monde. La foule scande « Carlos député », « On a gagné », « Un pour tous, tous pour Carlos », je fais le V de la victoire. Je n'en finis pas de scruter la feuille des résultats comme pour en avoir le cœur net, toute la soirée je la garde à la main. Mes amis me portent en triomphe. Je suis calme. Du même calme que celui que je peux montrer dans les tempêtes.

Une magnifique campagne électorale, en utilisant si peu de moyens.

Il faut changer la manière de faire campagne en politique. Sur les 577 députés, je suis l'un des seuls à avoir fait une campagne à 7 600 euros, dont 1 400 d'apport personnel. Je n'ai pas souhaité prendre de crédit à la banque. Comme le dit si bien mon ami Mamoudou Coulibaly : on n'a pas d'argent, mais on a des gens. Je ne remercierai jamais assez les personnes qui ont fait campagne et qui continuent à mes côtés pour m'aider à effectuer mon mandat.

Je me suis dit : « Je mets ce que j'ai, puis je vais gérer avec l'humain », avec ces femmes et ces hommes qui peuvent faire tant de choses quand ils sont en mouvement.

Je suis élu député de la 8e circonscription du Val-d'Oise, parmi les plus jeunes, l'un des rares élus racisés.

Je salue mes équipes, ceux qui sont venus, je tiens à leur dire qu'ils ont tous participé à ce grand bouleversement qui commence à peine. Le score est capital, il ouvre grand la porte du possible. Ce n'est pas un succès poussif ou à l'arraché. Tout le monde me donnait perdant au départ. Cette réussite marque le retour de l'intérêt général contre les intérêts personnels.

Mais je fixe tout de suite les limites. Je connais les pièges, j'ai beaucoup observé autour de moi. Je mesure les attentes et l'exigence de ceux qui m'ont accordé leur confiance. Je n'ai pas le droit de gâcher tout cela.

Pas de récupération avec moi. Si certains pensent qu'ils vont pouvoir m'utiliser ou faire de moi un symbole, ils se trompent.

Contrairement aux apparences, je n'aime pas être sur le devant de la scène, je veux être dans l'action et les résultats.

Je ne veux pas non plus être le porte-parole des quartiers. Je ne suis le porte-parole de personne. Je ne veux rien endosser, je veux agir. Ce n'est pas la même chose.

Il était écrit que j'allais être là.

Il est écrit que d'autres vont émerger.

Il faut s'engager.

Encore une chose sur l'entre-deux-tours. Au-delà de mon cas personnel, quoique… Pendant la présidentielle, la Macronie nous a sommés de choisir entre le Président sortant et Marine Le Pen. Nous avons dit et répété qu'aucune voix ne devait aller au RN. Aucune voix à l'extrême droite, difficile d'être plus clair même si les équipes d'Emmanuel Macron ont cherché à nous enfermer dans le rôle des « irresponsables ».

Mais, bizarrement, la réciproque n'a pas été vraie pendant les législatives. Qu'a fait la Macronie en cas de duel entre la Nupes et le RN au second tour ? Rien. Elle nous a renvoyés dos à dos comme s'il y avait une comparaison possible entre les positions fascisantes de la famille Le Pen et le programme commun bâti par la gauche. Je vais vous donner une illustration, un exemple concret des incidences de ce non-choix. Partons pour la 5e circonscription de Gironde.

Le premier tour aboutit à un duel entre le candidat de la Nupes et le candidat RN. En troisième position, battue, la candidate de la majorité décide… de ne pas choisir entre les deux finalistes. Elle explique publiquement qu'elle votera blanc.

Faisons un tout petit peu de mathématiques électorales. Au second tour, le candidat RN va l'emporter d'un peu plus de 3 000 voix contre le candidat de la gauche. Entre le premier et le second tour, le nombre de votes blancs va passer de 1 100 à 6 500, une différence de 5 400 voix. Mesurez ainsi l'incidence du non-choix des candidats de la majorité. Dans bon nombre de circonscriptions, le refus de nous soutenir contre l'extrême droite a permis la victoire du RN. La Macronie devrait se garder de nous faire des leçons désormais. La politique est une affaire de conscience et de clarté, elle est une affaire de responsabilité et de respect.

Je précise une chose encore. Je n'ai pas choisi la 5e circonscription de Gironde par hasard, vous vous en doutez. Le vainqueur de la législative est un certain Grégoire de Fournas. C'est lui qui m'a insulté à l'Assemblée nationale, aux yeux de tous. Quand j'entends la majorité s'indigner de cette attaque, je suis amer. Il était grand temps de se lever et de jouer les effarouchés, il fallait le faire avant et empêcher des hommes de cette nature d'entrer au Palais-Bourbon. Il y en a quatre-vingt-neuf comme lui. En mettant un signe « égal » entre nous et l'extrême droite, les macronistes ont tourné le dos aux valeurs républicaines. Je ne suis pas de ceux qui oublieront de sitôt ces comportements.

Avançons.

Je suis désormais député et je m'interroge sur mon mandat, les responsabilités qu'il implique, le sens de mon action. À l'issue de ce mandat, j'aimerais avoir convaincu, au-delà de mes rangs, par ma force de travail et par mes arguments. J'aimerais que mes adversaires redoutent mon énergie et ma volonté sur tel ou tel dossier, qu'ils me respectent.

Aujourd'hui, il arrive que des gens m'abordent dans la rue ou dans le métro : « Merci d'être là, merci de ce que vous dites. » Il faut que, dans quelques années, les mêmes personnes puissent me dire : « Merci de ce que vous avez fait, merci de ce que vous nous avez apporté, merci d'avoir changé la vie. » Je suis à ce jour l'un des députés les plus assidus à l'Assemblée nationale, que ce soit lors du travail en commission ou lors des débats dans l'hémicycle. Je veux me faire un nom, mais pour de bonnes raisons.

La réussite n'est pas réservée aux autres

La France adore créer des symboles, ou alors ce sont les médias. Cela amuse tout le monde un temps, puis cela finit par lasser. Devenir un symbole, c'est le meilleur moyen de tomber dans l'oubli. Je pourrais faire une liste interminable de ceux qui ont cru sortir du lot pour de mauvaises raisons.

Je préfère me concentrer sur mon action de député et m'interroger sur un point : au fond, qu'est-ce que mon élection a changé et qu'est-ce que mon élection peut changer ?

Je ne me cache pas, j'assume mon destin, je l'endosse et je l'accepte. J'irai jusqu'au bout. Même si cela demande une part de sacrifice, même si c'est une mission lourde. Mais enfin, j'ai porté à 6 heures du matin, dans le froid, parfois sous la pluie, des cartons pour aider ma mère sur les marchés, je ne vais pas me plaindre d'être associé, par mon statut de député, à de grands noms de l'histoire comme Jaurès ou Blum.

À bien y réfléchir, je l'espère en tout cas, mon élection a modifié le regard que certains Français portent sur eux-mêmes. Il nous faut changer les mentalités, et, quand je dis cela, je pense qu'il nous faut impulser l'esprit de réussite.

À Villiers-le-Bel, j'ai grandi avec le sentiment, très partagé, que cette commune est une ville de « poisseux », de malchanceux, que l'échec nous colle à la peau. Les gens sont défaitistes.

Nous sommes, dans les quartiers populaires, des populations discriminées et invisibilisées. Mais ce qui me frappe, c'est la résignation qui accompagne cet état de fait. Nous acceptons. Sur les transports, le logement, les infrastructures, l'éducation…, nous acceptons d'être de seconde zone.

Ce qui est inconcevable à Paris est devenu concevable vingt kilomètres plus loin. Ce qui fait des articles et la une des journaux pour la capitale ne fera jamais la moindre ligne dans un article de la presse locale pour nous. C'est ce que j'appelle le renoncement.

Si je souhaite que mon élection change quelque chose, c'est d'abord cela. La réussite n'est pas réservée aux autres. Il faut le crier, le hurler et le démontrer.

Je ne suis pas le premier.

Le gardien de but de l'AC Milan et de l'équipe de France Mike Maignan a montré le chemin. Il est né en Guyane et, à huit ans, est arrivé dans le quartier de la

Cerisaie puis des Carreaux, tout près de chez moi. Pendant les vacances il allait à la maison de quartier Boris-Vian, il jouait au JS Villiers-le-Bel, le club de la ville, il fréquentait les terrains de la ZAC. Lui aussi est parti de là. Lui aussi a réalisé les efforts nécessaires pour rejoindre le centre de formation du PSG. Aujourd'hui, il brille en Italie. Il y a la judoka Hawa Camara et encore d'autres réussites à Villiers-le-Bel, à Sarcelles et à Garges.

J'emprunte le même chemin, en allant moins loin, en restant sur place et en faisant de la politique et non du sport, mais le message est identique. La défaite n'est ni contagieuse ni inéluctable. Il faut rompre avec le sentiment que nous sommes condamnés à subir l'existence et que nous n'avons la main sur rien. Il faut prendre possession de nos vies. Je veux que l'on arrête de croire, à force de se l'entendre dire, que ce n'est pas possible, que ce n'est pas pour nous. Il faut se battre. En étant travailleur et rigoureux, chacun peut faire de grandes choses. Il faut avoir la foi.

Je ne veux pas non plus donner le sentiment que la réussite passe forcément par un club de foot professionnel ou l'Assemblée nationale. Je me souviens de mes premiers textes de rap. Nous parlions beaucoup du succès, de sa définition, nous cherchions des perspectives plus agréables et plus stimulantes que les murs autour de nous.

Dans un quartier populaire, la réussite, c'est aussi simple et nécessaire qu'avoir un bon boulot, le permis ou une voiture, de faire la fierté de sa famille. Nous ne méritons pas moins que les autres.

Mais le pays est-il prêt pour ça ? La France est-elle prête à faire de la place à tout le monde, sans distinction ? Surtout aux Noirs ?

Être noir en France

J'ai découvert sur une plateforme une série, *En place*, qui met en scène l'ascension spectaculaire d'un éducateur de quartier, noir, propulsé en quelques semaines candidat à la présidentielle. Dois-je préciser que c'est une série comique ? Il est plus simple de parler de ces sujets dans un éclat de rire qu'avec sérieux. Pourtant, c'est très sérieux. Le scénariste et réalisateur Jean-Pascal Zadi a pour point de départ un propos essentiel. Pour lui, on n'est pas assigné à une place dans la vie, il faut pouvoir oser et ouvrir les horizons. Précisons au passage que jamais une fiction française n'avait mis en scène un Président noir. Même dans une fiction. Alors dans la réalité…

D'où cette question : un Noir, en France, a-t-il le droit de se présenter à la présidentielle ? Je sais bien que oui, Christiane Taubira a été candidate. La question est plus profonde. Un Noir, en France, a-t-il, aux yeux de tous, la légitimité pour se présenter à la présidentielle, au point de pouvoir l'emporter ? J'ai ma réponse. C'est non.

Longtemps je me suis refusé à en faire un sujet. Après tout, j'ai été en partie élevé par une famille blanche en Belgique. Je ne me résume pas à ma couleur de peau. Sauf que d'autres le font et qu'au passage ils me refusent la parole sur certains sujets.

Vous le savez sans doute, les statistiques ethniques sont interdites dans notre pays. Nous ne pouvons pas dire précisément combien il y a de personnes noires en France. À en croire certaines extrapolations, nous pourrions être autour de 7 millions, un peu moins de 10 % de la population. Mais, si on considère la France métropolitaine, le chiffre chute, évidemment.

Comme tout ensemble, ce n'est pas homogène. Culturellement, socialement, on ne peut pas faire de généralités. Il est très difficile de dresser des contours précis et de réduire la population de couleur à un seul et même groupe. Ce serait même dangereux.

L'évolution de la population noire en métropole est un mouvement complexe et lent. Un mouvement qui n'a pas intéressé grand monde pendant longtemps. Sur le plan universitaire, les chercheurs se sont souvent penchés d'abord sur l'histoire des Noirs américains et après, bien après, aux Noirs français. Il y a pourtant beaucoup à dire.

J'emprunte quelques éléments factuels notamment, mais pas seulement, à Pap Ndiaye qui, avant de devenir ministre de l'Éducation d'Emmanuel Macron, a réalisé un travail important sur la condition noire. Je fais vite et à grands traits.

En métropole, dès le XVIIIe siècle, plusieurs milliers de Noirs sont déjà présents sur le sol français. Ils viennent souvent des Antilles, de force, sous la contrainte d'un armateur pour devenir domestiques, par exemple. Ils sont nombreux à Nantes ou à Bordeaux. Ils seraient autour de 5 000, à en croire les registres de police. Peu à peu la loi interdit la présence sur le territoire de toute personne de couleur, par peur de métissage. Règle diversement appliquée, semble-t-il, mais les préjugés racistes ne font guère de doute dès le début.

À en croire les historiens, la longue période qui va de 1789 aux années 1950 ouvre un temps de contradictions et de paradoxes, même après l'abolition de l'esclavage en 1848. D'un côté, l'époque cherche à fonder l'égalité des personnes hors de toute considération de race ou de religion. De l'autre, c'est aussi l'heure triomphante de l'empire colonial et des discours racialistes et racistes.

Illustration très concrète de ce dont je parle : le cas de Severiano de Heredia, né à La Havane, noir de peau, qui deviendra à la fin du XIXe siècle député et ministre des Travaux publics à Paris. Ou le cas, lui aussi emblématique, du député Légitimus. Côté pile. Côté face, la science théorise le racisme en expliquant par exemple qu'une personne noire a un cerveau plus petit que celui d'une personne blanche.

Mais, déjà, la population de couleur grossit. Elle se concentre beaucoup dans des quartiers parisiens, aux Batignolles notamment. On estime que 20 000 personnes noires sont présentes en métropole à la fin du XIXe siècle.

En réalité, à cette époque, la naissance du XXe siècle, des millions de femmes, d'enfants, d'hommes noirs sont dominés par l'empire mais sous des statuts très différents à travers la planète.

Les habitants de Guadeloupe, Martinique, Guyane et La Réunion sont citoyens de plein droit. Pourtant, leurs territoires restent des colonies où l'égalité est une chimère.

Les habitants de pays d'Afrique colonisés sont eux des « sujets de la République », ni citoyens ni étrangers, bref des indigènes.

En métropole, la République cherche à promouvoir son empire, à grand renfort d'expositions et de reconstitutions de villages parfois au centre de Paris – des zoos humains. Le Noir est, pour la France, un sauvage qu'il faut éduquer. L'infériorité est injectée dans tous les esprits. Sauf quand il faut grimper les parapets des tranchées de la guerre de 14-18.

Je n'insiste pas sur ce point, sinon pour dire que beaucoup de soldats noirs, malgré les efforts de l'État pour organiser leur rapatriement après la guerre, vont rester en métropole. C'est intéressant, car ils vont structurer les premières organisations politiques noires en France. Ils vivaient les mêmes réalités de la domination, qu'ils viennent de Madagascar, du Bénin, des Antilles… Ces militants se rapprochent alors du parti communiste. Les années passent et la France, inlassablement, refuse l'égalité aux personnes de couleur.

Après la Seconde Guerre mondiale, sur fond de tensions politiques et anticoloniales, l'État français multiplie les initiatives plus ou moins heureuses. J'en retiens une en particulier : la création du Bumidom, le Bureau pour le développement des migrations dans les départements d'outre-mer en 1963. En un peu moins de vingt ans, des milliers de personnes (200 000, dit-on) ont pris un aller simple pour la métropole où des emplois leur étaient réservés dans les transports, postes, hôpitaux, des métiers dans les bas échelons de la fonction publique. Beaucoup ont espéré un eldorado. En réalité, ils resteront longtemps des invisibles. Le mouvement est pourtant massif.

Dans le même temps, au gré des indépendances successives en Afrique subsaharienne, le mouvement d'immigration s'intensifie. En majorité de jeunes ruraux du Mali, de Mauritanie, du Sénégal. Ils viennent travailler temporairement en France. La main-d'œuvre est utile et bon marché pour faire face à la demande économique durant les Trente Glorieuses. La France souhaitait conserver la liberté de mouvement entre son territoire et ses anciennes colonies. Par intérêt tout trouvé. Ces travailleurs africains arrivent en nombre croissant, ils sont plus de 60 000 à vivre à Paris, Bordeaux ou Marseille à la veille de 1968, dans la plus grande précarité. Il n'y a aucune politique d'accueil. Ce sont des étrangers en France, alors que l'histoire coloniale en avait fait des citoyens à part entière.

Pas d'accueil, pas d'aide, mais le racisme toujours là, aux cris de « blanchettes ». Le délit de faciès commence, entre autres problèmes. Que les personnes de couleur viennent des Antilles ou d'Afrique, leur déception est considérable. Les travailleurs noirs, les familles noires s'entassent dans des taudis, ce sont des bêtes de somme. La mort de plusieurs d'entre eux, asphyxiés une nuit de janvier 1970 dans l'incendie d'un foyer à Aubervilliers, entraîne une petite prise de conscience et les premières revendications. Mais, pour beaucoup, ces travailleurs vont rentrer chez eux un jour, ils n'ont pas vocation à rester.

Avec les années 1980 s'ouvre une autre étape pour les Antillais comme pour les immigrés africains. Ils ont participé à la reconstruction du pays et à son redressement dans les usines, ils ont eu des enfants, leur vie s'écrit désormais en métropole et pas ailleurs. En deviennent-ils plus visibles pour autant ? En tout cas, ils sont décidés à rester. C'est ce qui s'est passé avec mes parents.

Tout est en gestation depuis plus d'un siècle. Rien n'a changé, au fond.

Les personnes de couleur et les Maghrébins sont entassés aux mêmes endroits, avec les mêmes métiers. Nous sommes entre semblables. Les ghettos ont pris d'autres noms, mais ils sont toujours là.

Et si par malheur tu sors de cet espace qui t'est réservé, on te pointe du doigt. L'assignation est partout, tout le temps, quel que soit ton âge.

Dès l'école.

Les conseillers d'orientation commencent un travail de sape. Cette école ? Non, pas pour toi. Cette orientation ? Non, pas pour toi. C'est étrange, tout de même. Enfant noir, pendant des années vous entendez les grands vous fixer limites et plafonds de verre. Ce n'est pas pour nous.

Ce message est si intimement intégré qu'il est assimilé, jamais contesté. L'algorithme racial est bien fait. Nous sommes tous ensemble depuis la maternelle, et puis soudain toutes les têtes différentes vont bifurquer pour être mises de côté. À ces têtes « différentes » reviennent toujours les mêmes formations pour les mêmes métiers. À Villiers-le-Bel, 40 % des actifs sont des employés, souvent peu qualifiés, contre une moyenne nationale inférieure de 13 points. Il y a deux fois moins de cadres qu'ailleurs. En matière de reproduction sociale, c'est efficace. Pas de grandes écoles, pas de hautes fonctions. C'est mécanique. Citez-moi, par exemple, un grand patron français noir? Lorsque j'ai décidé de me présenter à l'élection, je ne compte plus ceux qui m'ont conseillé, plus ou moins amicalement, de renoncer et de me placer derrière. C'était trop grand et trop haut pour moi.

Il y a la part invisible, presque non formulée, de la discrimination. Et puis il y a la part assumée. Sans honte. Sur l'accès au logement. Sur l'accès à l'emploi.

Pendant longtemps, je n'ai pas mis de photo sur mon CV. Mais combien de fois, arrivé à l'entretien, ai-je entendu: « Ah. Je ne vous voyais pas comme ça »? Mon prénom, Carlos, laissait visiblement trop de place à l'interprétation.

C'est un comble, j'ai fini par remettre ma photo. Les propositions n'étaient pas nombreuses, mais au moins il n'y avait pas de doute sur l'intention de l'employeur. Même si certains n'acceptaient de m'embaucher que comme commercial sédentaire, donc sans contact « direct » avec la clientèle.

Ce que je raconte là est documenté, démontré depuis des années. À la lecture de ces exemples, vous n'apprenez rien, je le sais. Mais qu'est-ce qui a changé ? Qu'est-ce qui est fait en profondeur ?

Le racisme ordinaire, dès le plus jeune âge, on s'y confronte. En France ou ailleurs. Un jour, alors que nous étions en Suisse avec Cyriel Martens, Victoire et moi sortons jouer au foot dehors. Il y a d'autres enfants pas loin. Nous échangeons des regards, nous pensons qu'on va pouvoir faire un match, mais rien ne se passe. Alors on attend sur un banc avec mon frère. Les autres enfants s'approchent enfin. Pour nous jeter de la mie de pain et pousser des cris de singe. Je suis fou de rage, Victoire me retient, il me dit :

– Calme-toi, en plus on n'est pas chez nous.

– C'est quoi, le problème, on est pareils !

– Non, on est noirs, Carlos.

J'ai neuf ans et j'ai compris que l'avenir allait être très dur.

Autant vous dire que, lorsque j'entends à l'Assemblée « Retourne en Afrique », je suis choqué et blessé, mais à peine surpris. À peine.

La France n'est pas raciste, mais les racistes y sont nombreux, qu'on se le dise. À la moindre difficulté, à la moindre crise, on cherche un coupable, et le coupable est celui qui ne nous ressemble pas. Un Noir doit faire quatre fois plus d'efforts pour prouver la même chose. Cela ressemble à un refoulé colonial.

Sommes-nous des indigènes ?

Je vaux 0,5, un Blanc vaut 1.

Laissez-moi prendre encore deux exemples en guise d'illustration.

Omar Sy et le film *Tirailleurs*. Le film, un succès en salle, raconte l'histoire d'un père enrôlé de force avec son fils dans l'équipe des tirailleurs dits sénégalais (venus du Sénégal, mais aussi de toute l'Afrique) lors de la Première Guerre mondiale. Pendant la promotion, l'acteur répond à beaucoup de questions, notamment sur le conflit en Ukraine. Il a ces mots, cités dans un journal : « Quand [la guerre] est en Afrique, vous êtes moins atteints ? »

Sous-entendu : quand le conflit se situe en Afrique, vous êtes moins concernés que quand il se déroule en Ukraine. Une phrase abondamment sortie de son contexte et commentée. Je me souviens de Marion Maréchal réclamant des excuses à Omar Sy. Je pense encore à la majorité ou à la droite (la même chose) s'indignant. Un représentant des Républicains ira même jusqu'à dire qu'Omar Sy est d'une « ingratitude odieuse ».

Nous y sommes.

De l'ingratitude. Mais à l'égard de qui ? De la France ? Omar Sy devrait-il remercier parce qu'il est français ? Doit-il être plus reconnaissant qu'un acteur blanc ? J'essaie toujours de comprendre en quoi et pour quoi l'acteur devrait remercier ? Combien de générations faut-il pour ne pas avoir à se justifier et à prouver que nous ne sommes pas moins français que les autres ?

« Ce n'est pas vraiment ce que je dis, le problème, mais ce que je suis [...]. Je refuse de me justifier, car je ne dois rien à personne, je suis français ! » répliquera Omar Sy.

J'applaudis, je partage, je confirme. Je suis exaspéré et en colère que l'on ne puisse rien dire sur notre pays au prétexte d'une couleur de peau. Notre pays. Ne me parlez pas d'intégration, je suis né en France. Ne me parlez pas de processus de je ne sais quoi. Je ne suis pas le signe d'un processus, je suis né en France. Je suis français. Comme Omar Sy. Et à ce titre, quand je parle de mon pays, en bien ou en le critiquant, je le fais avec la liberté qui est la mienne. En quoi dois-je m'intégrer ? Pourquoi dois-je plus m'intégrer qu'un Basque ou un Alsacien ?

Je vois bien ce qui pose problème aux racistes. Omar Sy au cinéma, moi-même à l'Assemblée, nous sommes des exceptions, comme des anomalies dans le logiciel social. Nous avons réussi à passer des murs que nous n'étions pas censés escalader. Cette anomalie du logiciel, elle suscite un procès en illégitimité et en « mauvais Français » dès que nous ouvrons la bouche pour exprimer une conviction. Nous n'avons pas les mêmes droits que les autres.

Prenons un autre exemple, en dehors cette fois des cas particuliers.

Durant la Coupe du monde de football 2022 au Qatar, la demi-finale oppose la France au Maroc. Quelle chance tout de même pour nos deux pays de partager un tel moment devant des millions de téléspectateurs, quand on sait les liens qui nous unissent ! Mais il faut toujours que des obsessions viennent gâcher la fête. Les obsessions nationalistes. Vous avez entendu comme moi cette odieuse musique visant les Franco-Marocains, sur le thème : « S'ils soutiennent le Maroc, c'est qu'ils ne sont pas vraiment français. »

J'en ai été glacé.

Étonnamment (mais je ne m'en étonne pas), cette réaction en France s'applique systématiquement aux pays du Maghreb. Je connais pourtant des Français d'origine italienne ou portugaise qui, en cas de duel contre la France dans un match de foot, n'hésitent pas une seconde à soutenir le pays d'origine de leur famille, non le pays dont ils ont la nationalité depuis toujours. Et alors ? Sont-ils pour autant de moins bons Français ? Personne ne leur dit jamais rien, à ces supporters italiens ou portugais, personne ne leur fait un procès en fidélité républicaine.

D'ailleurs, vous remarquerez une chose. Quand un homme a un accent africain, on lui demande de faire un effort. Quand un homme a un accent italien, on trouve cela sexy.

Résultat de ce matraquage médiatique et de cette volonté d'opposer les uns aux autres : il y a eu des incidents. Plus exactement, il y a eu des ratonnades menées par l'extrême droite, à Montpellier, à Nice, à Paris, aux cris de « Dehors les Arabes ». Quand les violences viennent de groupuscules, cela intéresse beaucoup moins la presse. Pourtant, les journalistes s'étaient chargés de faire monter la pression avant le match. Sans succès. Le mal n'est pas venu du côté qu'ils attendaient ou espéraient.

On reprochera toujours à un Noir d'avoir des liens avec ses origines plus qu'à n'importe qui d'autre.

Je ne m'arrête pas au constat d'un monde hargneux et injuste. Je mesure les conséquences. Les attaques visant Omar Sy, les Français d'origine marocaine ou le député que je suis laissent des traces profondes et préoccupantes. Ceux qui veulent diviser et fracturer le pays risquent d'y parvenir si nous ne réagissons pas.

J'entends autour de moi les réactions, la lassitude, le repli.

Si on ne veut pas de nous, pensent beaucoup de Français, alors on va se mettre dans notre coin, on va se réfugier loin des regards et on ne fera plus jamais cause commune. C'est l'isolement, le début d'une forme de communautarisme, et on prend le risque de laisser des individus dangereux en profiter au nom de la politique ou d'une croyance déviante.

Au mieux, les gens n'iront plus voter. Ils ne croient déjà plus beaucoup au jeu démocratique, ça ne va faire qu'empirer, nous allons les perdre. Et encore, c'est un moindre mal.

Au pire, un jour, cette situation pourrait dégénérer en une fracture de colère et d'incompréhension. Je le redoute beaucoup. Je m'en inquiète.

C'est à n'y plus rien comprendre. Des Français commencent à développer des sentiments anti-Français. C'est de la folie. Mais que les choses soient dites : les racistes qui s'en prennent à moi sont eux aussi des anti-Français purs et durs.

Mon élection doit donc aider à rompre cette spirale infernale.

Je ne vais pas passer ma vie à m'excuser pour ma couleur de peau. Je ne vais pas dire merci parce que je suis député. J'ai été démocratiquement élu, je ne vais pas remercier pour cela, pas plus qu'un député blanc ne le ferait. Ce serait ridicule et humiliant.

Mesdames, vous qui êtes noires, vous êtes françaises autant que les autres.

Ce n'est pas à vous de vous invisibiliser, de vous mettre en retrait. C'est à eux de se cloîtrer et de se morfondre avec leurs idées hideuses et poisseuses.

Messieurs, vous êtes français autant que les autres.

Ce n'est pas à vous de vous cacher, ce n'est pas à vous de vous taire, ce n'est pas à vous d'être violents. C'est à eux de se replier sur eux-mêmes et sur leur racisme.

Je ne cherche pas l'affrontement, bien au contraire. Je suis dans l'action, simplement et humblement. Mon but est de créer des ponts où il n'y en a pas. Entre les territoires, entre les histoires, entre les pays d'origine.

Les vies fauchées de Villiers-le-Bel

Villiers-le-Bel.

Interrogez n'importe qui et vous aurez souvent la même réponse : la banlieue, les émeutes, la violence, les bandes… Villiers-le-Bel est associé à cela depuis des années, comme une bonne partie de la banlieue française.

Je n'aime pas revenir sur ce sujet, je me bats depuis si longtemps pour donner un autre visage de ma ville. Mais ai-je le choix…

Chez moi, il y a plus de stèles que partout ailleurs. Parfois à peine séparées de quelques mètres. De temps à autre, on y dépose des fleurs. Des centaines de fois par an nous passons devant.

Ce sont les vies fauchées de Moushin Sehhouli, de Laramy Samoura, de Maxim Lawson, d'Ibrahima Bah et d'Ismaëla Diaw.

Des noms, des rivalités entre quartiers ou des violences policières qui ont consolidé pour longtemps en moi le sentiment de méfiance et de défiance. Je me souviens des conseils de mes parents :

« Même si tu n'as rien fait, si tu vois la police, tu cours et tu fais attention de ne pas te faire arrêter. Si tu vois la police, tu fuis mais pas n'importe où. »

Même si tu n'as rien fait. Fuir. J'ai grandi avec cette idée. J'ai vécu et ressenti ce que tous les habitants de Villiers-le-Bel et des quartiers populaires ont éprouvé un jour. Être coupable *a priori*, à l'avance, subir les contrôles au faciès, parce qu'on n'a pas la bonne tête et que c'est plus simple pour tout le monde, en tout cas pour la police, de faire de nous des délinquants, parce qu'on vit au mauvais endroit et parce que selon eux nous n'avons pas la bonne couleur de peau.

Nous sommes le 25 novembre 2007 quand tout bascule à Villiers-le-Bel.

C'est la fin de l'après-midi. Un dimanche comme un autre.

Moushin Sehhouli et Laramy Samoura sont sur une moto-cross, ils ont mon âge. Je connais Moushin, très bien, même, nous sommes dans le même collège. Un garçon très cool, très sympa. Je suis moins proche de Laramy, qui vit dans le quartier de la Cerisaie, mais on joue régulièrement au foot au parc des Sports. On rigole beaucoup ensemble. Deux ados comme les autres, jamais dans les mauvais coups. Ils aiment s'amuser. Ils aiment la vie. C'est aussi simple que cela.

Une voiture de police, quatre agents à l'intérieur, déboule de la rue Louise-Michel. Ils sont du commissariat de Sarcelles. Ils roulent vite alors qu'ils ne sont pas en intervention : soixante-quatre kilomètres à l'heure. Je ne vais pas refaire l'enquête. Je le précise simplement. Ils n'ont ni gyrophare ni sirène, aucun système d'alerte. Au croisement avec la rue des Neuf-Arpents, le choc est d'une violence terrible.

Il ne faut que quelques minutes pour que la nouvelle fasse le tour de la ville. L'émotion est considérable. Ce sont des gamins, ils n'ont que quinze et seize ans. Mon âge. Ils ne portaient pas de casques. Ils sont morts.

Au lieu de sécuriser la zone, les policiers ont fui. Aucun périmètre n'est installé pour figer la scène et surtout pour venir en aide aux victimes. Lorsque les secours arrivent, plus tard, Moushin et Laramy sont en arrêt cardio-respiratoire, il n'y a plus rien à faire. La collision a été d'une telle brutalité que leurs corps sont à des dizaines de mètres du lieu de l'impact.

Très vite, chacun essaie de se rendre sur place. C'est un réflexe normal, le besoin de comprendre, de voir de nos yeux pour le croire, de se rassembler. Mes sœurs font barrage, elles m'empêchent de sortir. Elles comprennent très vite que le climat va se tendre et qu'il faut éviter d'être emporté par le mouvement. Mon grand frère est déjà dehors, lui. Les gens veulent des réponses. Tout le monde pleure, le désarroi est immense. Les témoins racontent tout de suite que la police roulait trop vite et qu'elle n'a pas fait le nécessaire pour porter secours à nos amis. La police les a abandonnés là.

Nous sommes tous dans un état de sidération. Mais la colère monte aussi. Et cette colère entraîne ce que tout le monde a vu ensuite à la télévision. Je n'y ai pas participé, enfermé chez moi, loin de tout ça. Ma famille m'a encore une fois protégé. Je sens l'odeur des bâtiments qui brûlent, la petite bibliothèque, l'école, des locaux de la police municipale. Pendant trois ou quatre jours, le face-à-face est toxique et hyper violent. C'est une explosion, la conséquence d'un trop-plein. Il faut regarder ces événements pour ce qu'ils sont : l'expression d'une détresse profonde.

Et le défilé commence. Tout le monde y va de sa petite phrase et de sa provocation grossière : Nicolas Sarkozy, Michèle Alliot-Marie, la ministre de l'Intérieur de l'époque, le député, le préfet… Les caméras entretiennent le sentiment de chaos. Je suppose que c'est l'objectif. La banlieue n'intéresse le petit manège médiatique que lorsqu'il y a des incidents.

Je n'ai jamais justifié la violence. Jamais. Et ce n'est pas aujourd'hui que je vais le faire. Je n'oublie pas que quatre-vingt-dix policiers ont été blessés.

Je tente seulement de trouver du sens à ce qui s'est passé en novembre 2007. Il y en a un. Qui serait venu nous voir après la mort de nos deux amis si nous n'avions pas réagi ? Un psychologue ? Personne ne serait venu jusqu'à nous. Comment exprimer les choses, le sentiment d'injustice et de colère ? Aurait-on demandé aux enseignants de prendre le temps de parler à chaque élève, un à un ? Ce n'est pas sérieux. Est-ce que l'État aurait organisé des cellules d'écoute ? Rien que de l'écrire montre à quel point c'est impensable.

Les habitants voulaient s'exprimer et être entendus. Ils n'ont pas eu de tribune à l'époque, alors que des ministres, des élus, des « experts » venaient déverser leur mépris et parfois leur haine des villes populaires à longueur de journée sur les chaînes d'info et dans les journaux.

Le président Nicolas Sarkozy dira même : « Ce qui se passe à Villiers-le-Bel n'a rien à voir avec une crise sociale, cela a tout à voir avec la voyoucratie. »

Il résumait ainsi le sentiment général des soi-disant élites qui n'ont jamais eu la moindre considération pour nous. Les médias sont logés à la même enseigne. Il faut attendre que ça brûle pour braquer une caméra sur cette part des Français que personne ne considère le reste du temps. Toutes les hypothèses présentées à la télévision reprenaient la version de la police, tout était fait pour justifier l'attitude des forces de l'ordre et trouver des excuses aux agents. À l'inverse, on accablait les victimes et les habitants de la ville. Qui pourrait supporter un tel traitement ? Un tel aveuglement ?

Tout cela n'a fait qu'alimenter la rage.

Oui, ça a brûlé. Oui, il y a eu des dérapages. Des dégradations. En revanche, il n'y a eu aucune volonté de dialogue de la part des autorités. La répression, rien que la répression. Les gens ont fait avec les moyens du bord. Vient le moment où tu n'as plus le choix que d'exposer ta douleur à travers la colère.

N'ayons pas la mémoire courte. La seule initiative de la police a consisté à distribuer des tracts. Des centaines et des centaines de tracts pour appeler à la dénonciation. Le ministère de l'Intérieur promettait une récompense de plusieurs milliers d'euros à toute personne qui donnerait des informations utiles pour retrouver ceux qui avaient tiré sur les forces de l'ordre. C'est dire la volonté de dialogue. Évidemment, ils n'ont pas eu beaucoup de succès. Je n'oublierai pas la méthode, dégueulasse, honteuse. La dénonciation. L'arrière-goût que laisse cet appel à la délation.

Le contexte était de toute manière inflammable. Deux ans auparavant, c'est à Clichy-sous-Bois que la détresse s'exprimait après la mort de Zyed Benna et Bouna Traoré. En 2005, elle va même se propager à une partie de la France et des quartiers populaires, puisqu'à l'époque des incidents éclatent à Rouen, Lyon, Nantes, Rennes, dans le Nord. Tout est déjà là. Le sentiment de déni de justice, d'indifférence, de volonté de toujours pointer les mêmes du doigt. Déjà, en 2005, un rapport des Renseignements généraux vient contredire la version rabâchée par le ministre de l'Intérieur de l'époque, Nicolas Sarkozy, et par toute l'UMP derrière lui. Les RG décrivent la complexité de l'embrasement. Non, ce ne sont pas des caïds qui sont à la tête de bandes déchaînées. Ce ne sont pas non plus des fous de Dieu qui attisent la colère. Non. Les RG décrivent dans un long rapport la désespérance sociale et la perte totale de confiance envers les institutions de la République. À commencer par la police.

À mon niveau, je n'ai pas oublié ce jour où mon père se gare en double file avec les warnings, juste une affaire de quelques secondes, le temps de décharger des cartons de chaussettes (des chaussettes, imaginez un peu comme nous sommes menaçants) pour ma mère sur le marché. Je suis à peine sorti de la voiture que déjà la police le contrôle. Il finit plaqué au sol, menotté. J'ai beau protester, les policiers s'en foutent. Mon père est emmené au commissariat. Pour rien, pour rien du tout.

Cette logique de l'excès permanent, elle a conduit à ce qu'on voit en 2007 et encore aujourd'hui. La rénovation urbaine, très limitée, n'a pas apaisé le ras-le-bol général. Dans ces affaires, dès le début, chacun sait qu'il n'y aura pas de justice. Ou alors si longtemps après…

Le 13 septembre 2013, le gardien de la paix mis en examen après la mort de Moushin et Laramy est condamné à six mois de prison avec sursis pour homicide involontaire par manque de prudence. La condamnation est définitive. Mais il aura fallu attendre six ans pour une réponse judicaire.

Dans une affaire comparable, nous attendons toujours les réponses.

En octobre 2019, à moins d'un kilomètre du premier accident mortel, Ibrahima Bah est tué alors qu'il est à moto. Stationné perpendiculairement au trottoir, un policier au volant d'un fourgon réalise une manœuvre. Officiellement pour repartir. Le résultat, c'est que le fourgon percute Ibrahima, que le jeune homme de vingt-deux ans est projeté contre un poteau et qu'il meurt presque sur le coup. Horrible répétition.

La police a-t-elle fait exprès ? Ibrahima a-t-il perdu la maîtrise de sa moto ? A-t-il cherché à fuir un contrôle ?

Aucune réponse, l'enquête judiciaire et l'enquête de l'IGPN sont presque à zéro. Et dire qu'il y a une caméra de surveillance juste au-dessus du lieu de l'accident… Une caméra qui a filmé le début et la fin de la scène. Pas le milieu, pas le moment des faits, pas l'accident. Rien d'autre à ajouter.

Au risque de me répéter, je ne prends pas plaisir à reparler de tout cela, même si je vis avec. La sœur de Moushin est l'une de mes assistantes parlementaires. La mort des amis ne peut s'effacer, je ne les oublierai jamais.

Si je n'aime pas évoquer ces drames, c'est en raison de l'image qu'ils laissent sur la rétine des gens. Une image de violence. Comme si tout le monde ne s'intéressait qu'aux conséquences et non aux causes. Le point de départ, qui s'en souvient ? Villiers-le-Bel, ce sont les émeutes et non la mort de deux adolescents. C'est écœurant, cette mémoire sélective.

Quelque temps après les tensions, la police encercle un matin une partie de mon quartier, dès 6 heures. Les agents sont là pour arrêter des suspects, ceux que la presse aime surnommer « les émeutiers ». Il est difficile de sortir du périmètre, tout est bouclé, les camions de CRS encerclent la ville, notre quartier en particulier. Résultat, j'arrive en retard au lycée, le temps de passer les contrôles.

Le prof semble de bonne humeur, il m'accepte en cours alors qu'en général il refuse les retardataires. Il a une idée derrière la tête, mais sur l'instant je ne le vois pas venir. Il attend que je m'assoie, que le silence règne dans la classe, et il me lance :

« Tu n'as pas été arrêté, toi ? Bizarre. »

Je n'ai pas oublié son nom, mais je ne m'abaisserai pas à le donner. Ce prof de mécanique, avec des idées très arrêtées, c'est une réalité pour les gens comme nous. À l'instar des autres, il pensait que je n'avais pour seule vocation que de devenir dealer. Toujours la même rengaine, celle qui vous entre dans le crâne à force de l'entendre de la bouche des autres, vous êtes conditionné, vous êtes pour ainsi dire déterminé à devenir un délinquant. Mon prof de CE2 le pensait, qui a dessiné des menottes au tableau, ma CPE le pensait, qui a provoqué mon exclusion, mon prof de mécanique le pensait, qui a lancé sa remarque. Ils ne mesurent pas le mal qu'ils font à condamner à l'avance ceux qui n'ont pas le goût de venir de la bonne ville ou de porter le bon nom.

Tout se tient. Le regard des autres n'est jamais positif, jamais motivant. Le jeune de banlieue est voué à l'échec, condamné à la délinquance ou au chômage. Il faut déployer des efforts considérables pour sortir des clichés. Une autre image est possible. Je suis aussi là pour ça. Il faut parfois des décennies pour faire tomber les préjugés, mais nous devons y parvenir.

La violence n'est jamais loin

On m'interroge souvent depuis mon élection : ma vie est-elle différente ?

J'ai tendance à répondre que je n'ai pas changé, mais que mon métier n'est plus le même, évidemment, mon emploi du temps non plus, ma disponibilité, mes responsabilités. Mais je pense que c'est surtout le regard des autres sur moi qui s'est transformé. Pour le meilleur et parfois pour le pire.

Je n'ai jamais été un gangster ou un voyou, je suis un mec des quartiers, je l'ai déjà dit.

Dans une cité, les rapports de force sont complexes, la relation au pouvoir est particulière. Ce n'est pas simple d'assumer une ambition sans être repéré et pointé du doigt. Cela pose parfois des problèmes de sortir du lot.

Je le sais depuis mon plus jeune âge, j'ai toujours eu une place un peu particulière. Il y avait mes séjours en Belgique qui me tenaient à l'abri de certaines dérives et qui aiguisaient la curiosité, il y avait ma famille bien connue aussi dans la ville, très identifiée, grâce à mes sœurs. Je connais les regards, parfois jaloux ou menaçants.

La violence, les bagarres, les agressions… j'ai grandi avec. Cela existe, bien entendu, ces tensions en fonction de l'âge ou des quartiers sont souvent brutales.

Pour des jeunes, cette vie-là peut avoir quelque chose de fascinant. La vie de dealers, de braqueurs, comme à la télévision. C'est là, tout autour, sous nos yeux. Tu vois les belles voitures qui défilent. Tu vois des gars s'enrichir à une vitesse incroyable et l'afficher ostensiblement. Tu peux en avoir envie, toi aussi. Il faut tenir et résister à l'attraction. L'illégalité est accessible, toute proche, elle est tentante, surtout si tu ne trouves pas de travail ou si tu ne fais pas d'études.

Mais, pour moi, les trafics ne sont que des déclinaisons du système capitaliste, la loi du plus fort, la loi du marché, l'instrumentalisation des gens, l'achat, la vente. Et puis, quand tu es essoré et que tu ne fais plus l'affaire, on t'écrase, tu disparais et personne ne se soucie ni de ta famille ni de toi.

Si tu choisis la voie de la violence, il faut en assumer les conséquences, être prêt à endurer la prison, parfois la mort. Le danger est permanent.

Les trafics et l'illégalité, ce sont des « ombres ». À les fréquenter de trop près, on prend le risque d'y laisser la vie. On ne peut rien faire ou pas grand-chose pour s'y opposer. Il n'y a que deux options. Soit vous êtes dans le deal, soit vous vous tenez en marge.

Gamin, j'ai pu être moi aussi attiré et captivé. Mais j'ai résisté. En particulier grâce à mes sœurs qui m'ont permis de me tempérer et d'éviter d'utiliser mon énergie à mauvais escient. J'ai réussi à ne pas fréquenter cette « ombre ». Je ne voulais pas faire endurer cela à mes parents. J'ai tenu bon. Je n'ai pas été aspiré.

Pour autant, la violence n'est jamais loin, la politique est venue me le rappeler. J'ai vécu la violence d'une campagne, je l'ai évoqué. J'ai ressenti la violence des mots de mes adversaires. Je veux parler d'autre chose.

Depuis les élections régionales, les gens sentent que je monte en puissance, ils me voient à la télévision, certains veulent abuser de ma position ou me museler.

Dans le Val-d'Oise, le politique est associé aux figures des barons locaux. Par le passé, celui qui croisait DSK, longtemps député de la circonscription, en parlait pendant une semaine, et si en plus il lui avait serré la main… Il y avait des pratiques douteuses. Avec mon arrivée, ces pratiques ont cessé, mais je sens bien que l'on ose plus avec moi, au prétexte que je viens d'en bas.

Très vite, certains voulaient que je me retire, que j'arrête, ils me demandaient de laisser la place pour les législatives. « Fais gaffe à toi, ne viens plus par ici, tu nous fais chier », et j'en passe. Entre menaces de racket et pressions, ils ont testé mon endurance et ma volonté. Ce n'est pas toujours simple. Je ne suis jamais escorté ou protégé. Je prends le RER D comme n'importe qui. Une menace laisse toujours planer une odeur trouble et angoissante. Ce constant rapport de force, sous une autre forme désormais.

Heureusement, je connais tout cela, j'ai déjà fait beaucoup dans les quartiers de France, je n'ai pas peur des « mafias » locales qui essaient d'effrayer ou qui jouent sur la peur pour obtenir ce qu'elles veulent. Je ne cherche pas la confrontation avec elles. Certains de mes collègues en font les frais et ont vécu des choses similaires dans d'autres villes de France.

J'ai conscience que ma proximité avec mes électeurs est à la fois une faiblesse et une force.

Une force parce que je connais le terrain et ses difficultés. Je connais aussi son potentiel et ses espoirs.

Une faiblesse pour le lien direct dont certains veulent abuser. Je dois conserver toute la lucidité nécessaire sans me couper des habitants. Mon entourage m'a souvent conseillé de déménager ou d'avoir un agent de sécurité constamment avec moi. Je m'y suis refusé.

Dans ma circonscription, je ne peux pas dépasser deux pas sans être arrêté. Quand je vais faire mes courses aux marchés de Garges, Villiers-le-Bel et Sarcelles, quand je fais mon footing à Arnouville ou Bonneuil-en-France, les automobilistes me klaxonnent. On m'interpelle sans cesse. J'adore remonter à pied l'avenue Pierre-Semard, à la sortie de la gare, la rue commerçante par excellence. J'entre dans les boutiques où je continue mes courses, chez le coiffeur, dans une brasserie pour prendre un café, dans le fast-food où j'ai mes habitudes… C'est le temps des échanges et des interpellations. Tout est comme avant pour moi, même si je sens que les regards ont changé, que les attentes ne sont plus les mêmes.

Je suis l'enfant du peuple qui a plus ou moins réussi, qui passe à la télé. Dès que les gens me voient dans une émission, c'est la Coupe du monde pour eux, ils se disent « on a gagné ». Je reçois des vidéos de téléspectateurs qui ont filmé les passages où je suis intervenu. Mes concitoyens regardent LCP, ils vont sur le site de l'Assemblée pour repérer ma place, voir ce que je fais et écouter ce que je dis. Un député qui a grandi avec eux, qui est avec eux, qui sera chez eux pour discuter, qui répond aux messages (parfois même quand il est en direct à la télévision), l'image est belle. Ils sont étonnés, heureux et exigeants.

En contrepartie, la pression est incroyable.

J'entends qu'on dit de moi que je suis l'image de la banlieue en Ile-de-France et dans tout le pays. C'est beaucoup sur les épaules d'un seul homme.

Je dois tempérer les attentes, réclamer de la patience. Je n'ai pas fait l'Ena ou Sciences Po, je n'ai pas tous les codes. Je n'ai pas la rhétorique, je n'ai pas le réseau. Il me faut aussi du temps pour apprendre mon métier.

Paradoxalement, on attend de moi des choses que personne n'a jamais exigées de mon prédécesseur qui est resté assis plus de quinze ans à l'Assemblée. Se manifestent une exigence et une impatience que je dois canaliser. On me réclame des comptes alors que je viens d'arriver. Je sais que certains vont s'informer de mon salaire, qui est public. Ils attendent de moi que je distribue ce que je gagne en aides ou en subventions. Ça ne fonctionne pas comme ça. Un député ne distribue pas des subventions. Je ne peux pas tout faire. Je ne peux pas interférer dans une décision de justice comme on me le demande parfois, et heureusement, il y a une indispensable séparation des pouvoirs. Je ne peux pas déverser des milliers d'euros à qui le réclame. Je dois faire de la pédagogie autour de mon travail et de mes marges de manœuvre. Je réponds dès que je le peux aux sollicitations. Je ne laisse personne sans éclaircissement, sans explication. Ma permanence sert à cela. Là, une fois sur deux, les questions de mes administrés portent sur le logement, le besoin d'un appartement. Je ne peux pas trouver des logements à tout le monde, c'est impossible, ce n'est pas dans mes attributions ; alors j'essaie d'orienter vers les bonnes personnes, les bons services.

Bref, je fais tout ce que je peux, en dormant souvent cinq nuits par semaine à l'Assemblée. Je ne peux pas tout faire, tout de suite. Surtout quand d'autres n'ont jamais rien fait eux-mêmes.

J'ai publié un bilan de mes six mois au Palais-Bourbon. Chacun peut évaluer mon travail, je m'y suis toujours engagé, je veux être jugé sur les faits, sur mes propositions de lois, sur mes votes, sur mes déplacements en tant que membre de la commission des Affaires étrangères, sur mon action politique.

Je sais que mes amis, dans un sourire, toujours dans un sourire, me reprochent parfois de ne pas répondre au téléphone. Les sollicitations ne sont plus les mêmes. Elles viennent de toutes parts. Mais je conserve mon objectif : améliorer la vie des Français. Donner plus à ceux qui ont si peu et méritent mieux. J'en fais mon ambition au quotidien.

En Afrique, enfin

J'ai fini par m'y rendre.

Non pas y retourner. M'y rendre. Nuance importante, je le précise pour ceux qui font du mauvais esprit.

Fin janvier 2023, j'ai posé pour la première fois de ma vie le pied sur la terre de mes ancêtres et de mes parents, la République démocratique du Congo. Ce n'était pas une visite privée mais une visite politique, c'est la raison pour laquelle j'en parle ici.

Mon père rêvait d'organiser ce voyage, un retour sur ses terres, avec toute la famille. Nous devions y aller en octobre 2015, il n'en a pas eu le temps. Le symbole n'est pas anodin, j'en ai conscience.

Mon frère Victoire, qui se rend tous les ans là-bas depuis une petite dizaine d'années, m'avait pourtant prévenu :

« Quelque chose se passe et se prépare. Ici, tu as une cote de popularité incroyable. Tout le monde a entendu parler des insultes de l'Assemblée nationale, les médias les ont commentées. Pour eux, tu es un fils meurtri qui rentre au pays. Je te préviens. »

Je ne sais pas si j'ai mesuré ce qu'il voulait dire.

À l'aéroport, j'en suis resté bouche bée. Quel grand moment ! Quelle émotion ! Des centaines et des centaines de personnes étaient là, rien que pour moi, avec des banderoles, des T-shirts à mon effigie, il y avait de la musique, des chants… L'accueil a été démentiel.

Je ne pensais pas être reçu ainsi avec les honneurs. Ceux de la population très chaleureuse et prévenante avec moi. Les honneurs politiques également. J'ai peu dormi pendant ces quelques jours, j'ai multiplié les rendez-vous.

Toutes mes sœurs, ainsi que mon frère, étaient sur place eux aussi. C'était un moment fort, bien entendu. Chacun vit avec des racines, je ne cherche pas à les nier ou les minimiser, je ne veux pas non plus m'en couper. Dans ce livre, j'espère démontrer que chacun est riche de sa diversité et de sa pluralité d'histoires.

Pendant ce déplacement, j'ai souvent pensé à mes parents, à la joie qu'ils auraient pu ressentir de me voir reçu ainsi. Tout est passé si vite que je n'ai même pas eu l'occasion de me rendre dans la maison que mon père faisait construire à la fin de sa vie et qu'il nous a léguée.

Mais je ne mélange pas les genres. Je me suis forcé à respecter le cadre de ce voyage. Je ne voulais pas me laisser déborder par mes émotions, car elles n'avaient pas leur place dans le paysage à ce moment-là.

Si j'ai choisi de me rendre en RDC, c'est à titre politique, en tant que député et président du groupe d'amitié entre nos deux pays. C'est le lien que je cherche à construire. Le seul lien. J'ai entendu là-bas que j'étais « l'enfant du pays », je réponds que ce n'est pas exactement ça, mais oui, je suis sur la terre de mes ancêtres et ceci est une fierté, un symbole, une bénédiction même d'y être. J'ai entendu au Congo que pour beaucoup de parents je suis un modèle de réussite, qu'ils souhaitent le même chemin à leurs enfants.

J'imagine déjà l'extrême droite me crier au visage ses formules stupides, me reprochant de vouloir faire venir « mes copains ». Inutile de répondre face à une telle misère intellectuelle. Les personnes que j'ai rencontrées veulent réussir sur place en République démocratique du Congo en accompagnant les aspirations politiques autour des enjeux sociaux et environnementaux. En revanche, il est utile d'aider des pays comme la RDC. Au nom de notre histoire, au nom de ce qui nous unit, sous peine de voir la francophonie se déliter et ces pays se tourner vers le Commonwealth, ce qui commence déjà. Un Congolais sur deux parle français, c'est fantastique, on ne peut laisser ce lien se rompre au profit d'autres pays. Si j'en crois l'Organisation internationale de la Francophonie, 321 millions de personnes parlent notre langue à travers la planète. Il faut entretenir cette idée de la France qui se transmet à travers elle.

C'est pour œuvrer en ce sens que j'ai fait ce déplacement. D'autant que, un peu partout en Afrique, une forme de rejet de la France grandit. Je le perçois venant du Sénégal, du Mali, du Burkina Faso. La RDC a des reproches à faire à notre pays et je les partage. Dans son rapport, et parfois sa complaisance avec le Rwanda, le pays voisin qui s'est octroyé des terres riches en lithium ou en cobalt. Au Nord-Kivu, le Rwanda est accusé par Kinshasa et les pays occidentaux de soutenir les rebelles du M23, un groupe terroriste, qui s'est emparé ces derniers mois d'une large portion d'un territoire.

Les difficultés ne manquent pas non plus dans le secteur privé avec des entreprises françaises comme Perenco, unique compagnie pétrolière présente en RDC avec onze champs onshore et offshore. La population estime, à raison selon moi, que les intérêts privés ne sont pas bénéfiques pour la population et le développement local, et qu'en plus ils polluent. Une logique de perdant-perdant pour la RDC. En somme, ce que le sous-sol rapporte va dans les poches de ces géants du pétrole et rien ne revient au pays. Comment donner tort à ceux qui en sont exaspérés ? Comment s'étonner de manifestations reprochant à Paris son rôle trouble ou parfois ambivalent ?

Mon rôle de député est de désamorcer ce sentiment et d'ouvrir à un avenir différent. À moi de convaincre que la stratégie d'une entreprise ou d'un gouvernement n'englobe pas toute une nation, qu'il faut distinguer les uns des autres, l'opposition et la majorité. À moi de convaincre aussi que j'incarne la relève, que je suis l'interlocuteur de demain et que d'autres comme moi finiront par émerger. C'est un long travail.

Pour illustrer ma démarche et donner du corps à ce que j'ai en tête, j'ai pris une initiative. J'ai réuni fin décembre 2022 des représentants de la RDC et du

Congo-Brazzaville à l'Assemblée nationale, ce qui n'est pas simple, ces pays n'entretenant pas les relations les plus chaleureuses. J'entends faire en sorte que la France regarde en face son passé avec l'Afrique et qu'elle reconnaisse très officiellement le rôle de Brazzaville pendant la Seconde Guerre mondiale.

Le 18 juin 1940, le général de Gaulle lance de Londres son appel à la résistance. Personne ne l'ignore. Cet appel a marqué l'histoire. La suite est moins connue et tout aussi importante. Au cours de l'été 1940, interviennent les premiers ralliements des territoires de l'Empire français : le Tchad, le Moyen-Congo, l'Oubangui-Chari, le Cameroun, le Gabon. C'est ainsi que, le 24 octobre 1940, le général de Gaulle arrive à Brazzaville dont il fait la capitale de la France libre.

« Dans les vastes étendues de l'Afrique pouvait, en effet, se refaire une armée et une souveraineté en attendant que l'entrée en ligne d'alliés nouveaux, à côté des anciens, renversât la balance des forces », écrira-t-il.

Je crains, en réalité je sais, que les enfants de France ne connaissent pas bien cet épisode pourtant central de notre histoire commune avec l'Afrique. À l'heure où au moindre prétexte on questionne une origine, une identité, où l'on déforme les faits pour un oui ou pour un non, pour flatter un électorat, commençons par apprendre ce qui nous lie à ce continent auquel on doit tant. Voilà aussi à quoi sert un député. C'est ma conception des choses.

À l'étranger, en déplacement, je ne parle qu'au nom de mon pays et que pour mes concitoyens. Donner une juste place au discours de Brazzaville de De Gaulle ne revient pas à flatter les ego nationaux des uns ou des autres. À mes yeux, c'est le moyen de regarder dans la même direction, avec une histoire complète et sincère. J'en suis convaincu. Il faut faire preuve d'équilibre dans notre relation, ne plus penser en dominés et dominants.

C'est dans cet esprit, autre exemple, que j'ai déposé une proposition de loi concernant des crânes algériens. La France a conservé de ses décennies coloniales une macabre collection. L'étude de crânes et de leurs formes devait servir à hiérarchiser la diversité des humains. Dans cet objectif, on multipliait donc les « collectes » de têtes sur les fronts de guerres coloniales.

Vingt-quatre crânes d'Algériens décapités en 1849 lors de la bataille de Zaatcha contre l'armée française, dont celui du chef de la révolte, le cheikh Bouziane, et de son fils Hassan, sont dorénavant mis en terre au carré des martyrs de la Révolution à Alger. Ceux qui n'ont pas été rendus à la terre algérienne se trouvent au fond des réserves du muséum national d'Histoire naturelle de Paris. C'est inconcevable. L'histoire est ce qu'elle est, nous ne pouvons pas tout solder, mais nous pouvons faire en sorte d'apaiser certains points.

Je fais de ces initiatives la garantie de l'équilibre entre nous, entre l'Afrique et l'Europe, le signe d'une histoire plus horizontale. Ces gestes ne sont pas que des symboles. Il faut les multiplier et ne pas considérer ce continent comme une terre de mépris ou de conquête.

N'en déplaise à certains, le temps viendra où un élu, ayant mon visage, avec des convictions sociales, écologiques et antiracistes, sera en responsabilité et changera les relations de la France avec les pays du Sud. Alors l'équilibre sera complet. Il faut patienter, il faut batailler.

J'entends ceux dont les parents sont, comme moi, venus d'Afrique, vanter l'idée du « back to Africa ». Sans hésiter je leur suggère, par provocation, de déchirer leur passeport français et d'y aller, en Afrique, pour mieux m'expliquer après. Rien ne leur est ouvert, rien ne leur est dû là-bas. L'Afrique n'est pas une chasse gardée pour des jeunes Français en mal de racines. Le jour où ce continent se lèvera, les Africains seront prioritaires sur les immigrés français. Il faut l'avoir à l'esprit sous peine de donner dans un paternalisme pathétique et hors sujet.

Les enfants nés en France de parents originaires d'Afrique doivent respecter les locaux vivant sur place, chercher à collaborer et surtout ne pas prétendre à des postes destinés en priorité à la jeunesse africaine. Nous devons développer un partenariat en créant des ponts. Mais le sujet est long et nécessiterait un livre entier. Je sais qu'une partie des jeunes et moins jeunes veulent quitter la France par déception, mais je souhaite qu'ils puissent trouver de nouvelles façons de l'aimer, cette France, et par la même occasion de la façonner telle qu'ils le désirent par le combat politique. Car c'est politique.

Je pense en disant cela à cette jeune femme de vingt-cinq ans avec laquelle j'ai fait un jour une partie du trajet sur la ligne du RER D. Binta est titulaire d'un bac +5. Elle ne trouve pas de travail. Dans sa promotion, tous ceux venus de Corse, de Bretagne ou de Normandie ont déjà été embauchés, pas elle. La major de sa promotion, d'origine marocaine, a mis plus de sept mois à trouver une place en entreprise. Binta pense que la France ne veut pas d'elle, qu'elle ne veut pas de ses enfants racisés de la République, que la France ne l'aime pas, elle veut partir avec de nombreuses camarades de sa classe issues de la diversité.

Pendant le trajet, je me suis efforcé de la convaincre de rester, de persister dans ses recherches au lieu de fuir à l'étranger, alors qu'elle peut être demain le visage qui va changer les choses. Je l'ai dit à Binta : si tout le monde pense comme elle, la France ne s'en sortira pas. J'ai proposé à cette jeune femme et à toutes les personnes de sa promo souhaitant quitter la France de venir me rencontrer à l'Assemblée nationale pour échanger.

À nous de solder l'histoire et la désunion. À nous de réunir tout le monde. À Binta, et à ceux qui éprouvent un découragement légitime, je répéterai sans me lasser que nous avons une responsabilité pour bâtir un avenir commun. Celui de notre pays et celui de notre continent d'origine.

Et puis l'herbe n'est pas plus verte ailleurs. L'une de mes sœurs m'a proposé plusieurs fois par le passé de la rejoindre aux États-Unis où elle vivait. J'ai toujours refusé.

Après quatre jours en RDC, j'ai repris l'avion pour retrouver la France. J'ai fait cette confidence à l'ambassadeur en poste en RDC avant de rentrer : mon pays, je l'aime trop, il me manque en un rien de temps. J'ai besoin de mon café, de mon croissant, de la gastronomie française.

J'ai même besoin du froid et des gens qui font la gueule. C'est dire si je suis français jusqu'au bout des ongles !

Avec ce paradoxe que j'éprouve sincèrement un pincement au cœur quand je quitte le continent africain. Il est si magnifique : l'Algérie est si belle, le Sénégal est magique, le Maroc somptueux, l'Égypte terre d'histoire splendide. Sans oublier ce grand pays, le Congo, avec sa faune, sa flore, ses richesses minières et sa biodiversité qui font de cette nation une solution dans les enjeux écologiques. Le Congo, terre de mes ancêtres, peuple au grand cœur !

On peut être d'ici et de là-bas à la fois.

Sauver la planète

Prendre pied dans la société française, connaître son histoire et ses besoins implique de ne pas négliger la dimension environnementale.

Je me suis rendu en Égypte pendant la COP 27, en tant que député de la nation et responsable d'une mission sur la thématique climatique. Je tiens à en rendre compte comme d'un sujet que nous ne pouvons pas cacher sous le tapis en espérant que la question écologique finira par disparaître et que la crise climatique se résorbera d'elle-même. Elle ne disparaîtra pas. Et, encore une fois, il est de la responsabilité de chacun de sortir de chez lui, de sortir de son périmètre, de se mêler au débat et à l'action.

Le capitalisme triomphant, dont Emmanuel Macron est un digne représentant, ne s'intéresse à la nature que comme une ressource à épuiser sans se soucier de l'avenir. Ce délire consumériste finira par épuiser la planète.

Je me suis rendu en Égypte avec une idée en tête. Les pays les plus pollueurs ont une dette envers les pays les plus touchés par les conséquences du dérèglement climatique. Cela ne peut pas rester sans réponse.

Quelques chiffres en témoignent.

Cent multinationales sont responsables de plus de 70 % des émissions de gaz à effet de serre. Elles ont des noms, des adresses, des visages. Elles ne sont pas liées à des pays pauvres, ceux qui vont le plus souffrir de la crise climatique, mais bien aux pays les plus riches.

Les décès causés par la hausse des températures ont augmenté de 68 %, le risque de mort dû aux incendies de 61 %. 100 millions de personnes supplémentaires sont en situation d'insécurité alimentaire grave. Pendant que les plus riches polluent, les pauvres meurent. Les plus riches ont une dette climatique qu'ils doivent payer.

Jusqu'à présent, les États-Unis refusent de participer au paiement de la dette climatique et s'opposent à la création de ce fonds. Mais, en seulement vingt-quatre heures, l'industrie des énergies fossiles réalise des profits deux cents fois supérieurs à la somme des financements dédiés par les gouvernements pour remédier à ces dommages. Chaque année, les bénéfices générés par cette industrie couvriraient soixante fois le coût total des dégâts causés par le dérèglement climatique.

Je le répète, il en va de notre responsabilité de pays pollueur. Cette dette, nous devons la régler au nom de nos erreurs passées et au nom des générations futures.

Je suis frappé de voir combien ces questions climatiques semblent loin pour beaucoup de nos concitoyens. Comme si c'était le problème des autres, pas le nôtre, comme si nous n'allions pas être concernés nous aussi.

Médiatiquement, tout a commencé pour moi par une question à l'Assemblée sur le bateau secourant des migrants, l'*Ocean Viking*. Je me suis rendu à Marseille auprès de l'ONG SOS Méditerranée qui est venue en aide aux personnes en situation d'extrême urgence en pleine mer.

Ensuite, j'ai poursuivi mon déplacement à Arles. Vous allez voir comme tout se tient, comme tout a un sens. Là-bas, nous avons parlé du dérèglement climatique.

À ce rythme-là, à en croire nombre d'experts, d'ici 2100 le niveau de la mer aura monté de quarante à soixante-dix centimètres. Une tendance funeste pour la Camargue. Aux Saintes-Maries-de-la-Mer, les familles de manadiers ont déjà perdu 10 à 20 % de leurs terres, elles ont donc moins de place pour nourrir les animaux. Selon les scientifiques, dans les années à venir, le principal risque sera les tempêtes. Les tempêtes centennales, les plus puissantes, interviendront tous les dix ans à la fin du siècle. Le tableau est inquiétant. Il faut le regarder avec lucidité.

Pour dire les choses autrement, les Camarguais seront amenés à se déplacer eux aussi, à se réfugier ailleurs.

Le parallèle est tout trouvé entre eux et les réfugiés de l'*Ocean Viking*. Je conviens qu'il est toujours difficile de s'imaginer dans cette situation. Devoir fuir notre région pour raison climatique ? En France ? C'est impensable. Aujourd'hui peut-être, demain je ne pense pas.

Incarner un espoir

Mon travail consiste à démontrer à tous les Français qu'on mesure la force d'un pays à sa capacité de mettre en œuvre ses idées. Parfois, cela demande du temps. Mais il faut s'y atteler. On risque sinon de ne pouvoir que constater les dégâts quand il sera trop tard.

Sur le plan social, sur le plan des droits des femmes, de la lutte climatique, nous avons besoin de porteurs d'espoir. Nous avons besoin de meneurs et de figures d'inspiration.

Je ne sais pas si j'en suis une, et à la limite ce n'est pas le sujet. Je sais en revanche que tout seul dans son coin, enfermé chez soi à se révolter derrière un écran ou un téléphone, on ne parvient à rien.

J'ai grandi avec un modèle de femme qui ne pensait qu'à l'action. C'est ainsi que ma mère a bousculé les préjugés. Pas pour elle, mais pour ses enfants. Pas seulement pour la fierté de se dire qu'elle avait réussi quelque chose, mais avec la conviction que nous pouvions être utiles aux autres. Ce n'est pas prétentieux de chercher à avoir une place juste.

Une place juste, c'est une place qui nourrit l'ambition d'une vie meilleure.

Je suis aligné avec moi-même et mon histoire. Je suis cohérent. Je sais d'où je viens et où je vais. Il y aura sur ma route encore des obstacles, je n'en doute pas, comme je ne doute pas non plus du zèle de mes adversaires à me faire chuter. Y compris avec les armes les plus médiocres. Il ne sera pourtant pas facile de me faire trébucher. Je construis un parcours nourri de mon expérience.

Je suis un Français comme les autres. J'ai le visage de tant d'autres. Je ne suis pas un demi-Français ni un sous-citoyen. Je suis engagé et déterminé.

Notre pays doit changer et entendre les voix nouvelles qui s'élèvent. Nous sommes porteurs d'une espérance qui ne se réduira jamais. Le renouveau est là.

J'y œuvre au quotidien. Du lundi au vendredi, je suis à l'Assemblée nationale où je travaille, mange et dors. Je dispose d'un petit bureau de quelques mètres carrés pour mes équipes et moi-même. À la nuit tombée, je peux déplier mon lit et je dispose d'une petite salle de bains. C'est rudimentaire, mais comment pourrais-je me plaindre ? Mes journées sont très remplies, entre le travail en commission des Affaires étrangères, la mission sur la COP 28, la préparation des dossiers, ma présence en séance pour les débats… Mes collaborateurs parlementaires et moi sommes toujours en mouvement, à élaborer des propositions de lois que je me prépare à défendre. Nous réfléchissons aussi aux questions que je vais poser au gouvernement dans l'hémicycle. C'est un combat de l'intérieur que je mène, un combat politique, sans haine ni violence, contrairement à ceux qui m'ont insulté.

Est-ce que cet épisode a changé quelque chose ?

Pas pour moi. Sans doute beaucoup plus pour ceux qui veulent m'affaiblir et qui ont compris à qui ils avaient affaire. Ceux qui voulaient me rendre invisible et me faire taire en sont pour leurs frais.

Le week-end, quand je rentre dans ma circonscription, j'échange en prise directe avec mes concitoyens. C'est une chambre d'écho. C'est ma manière de construire mon projet et mes réponses politiques. Un député ne peut pas se tenir en marge du monde. Au contraire, il doit être un relais.

Quand on me parle de l'avenir, je ne pense pas au mien, pas directement. Ai-je d'autres ambitions ? Est-ce que je pense à d'autres postes ? Cela n'a aucun sens aujourd'hui, je suis pleinement investi dans mon action de parlementaire. Jugez-moi sur ce que j'ai entrepris, pas sur ce que je suis censé être. Jugez-moi sur mes résultats.

Je suis ce jeune de trente-deux ans, militant associatif dans les quartiers populaires. Je sais que je dérange !

Car je suis ce Noir à l'œuvre dans les plus grandes institutions françaises.

Mon regard est fixé sur 2027, car ce sera l'extrême droite ou nous ! Conscient du chemin à parcourir face à la montée des idées racistes, il faut faire face, il faut faire bloc, il faut constituer un front populaire écologique, social, féministe et antiraciste.

Je me sais attaqué par les militants du Rassemblement national et de Reconquête, ainsi que par les groupuscules identitaires qui gravitent autour d'eux, je représente tout ce qu'ils détestent, qu'ils haïssent, même. Car il y a des racistes qui veulent nuire aux personnes de couleur dès lors qu'elles sont en responsabilité. Ils inventeront tout et n'importe quoi pour me discréditer.

Je ne reculerai pas, car je sais que pour de nombreuses personnes je représente un espoir.

Je suis un modèle de réussite pour les plus jeunes et les plus âgés, des rues de Villiers-le-Bel à celles de Sarcelles, Arnouville, Bonneuil-en-France et Garges-lès-Gonesse. J'ai conscience de l'exemple que je suis devenu.

Dans les villes populaires de toute la France, je vois de nombreuses personnes, sans distinction, s'identifier à moi. Au niveau international, le jeune de Derrière-les-Murs a brisé le plafond de verre. Je suis aussi le fruit de la campagne flamande en Belgique où j'ai grandi dans la ruralité aux côtés des paysans.

C'est mon engagement politique à La France insoumise qui fait de moi ce militant universaliste en phase avec les enjeux sociétaux. Je fais miennes ces paroles que Jean-Luc Mélenchon a prononcées lors de la cérémonie de vœux dans ma circonscription, le 28 janvier 2023 : « La France n'est pas une couleur de peau, toutes les couleurs de peau sont françaises. La France n'est pas une religion, cinq religions sont présentes parmi les Français, ainsi que l'absence de religion. En France, la liberté de conscience a été gagnée après trois siècles de lutte entre les religions.

La tolérance, le respect des autres, dès lors que la loi est respectée, sont un devoir de base de la citoyenneté française. On ne peut pas être français et raciste. On ne peut pas être français et islamophobe ou antisémite. La France, ce n'est même pas une langue, car vingt-neuf pays dans le monde parlent français, et c'est leur langue officielle. La France est un choix, une adhésion, la France tout entière est un pacte que chaque Française et chaque Français nouent avec les autres en leur disant : Liberté, Égalité, Fraternité. Rien de plus, rien de moins. »

Je repense à mes voyages en Turquie à Midyat dans les régions du Kurdistan à la frontière avec l'Irak, dans le village chaldéen d'Erbole, aux États-Unis, la pauvreté dans le quartier de Little Haïti, à Miami ou à Los Angeles, les rues de Tijuana pleines de détresse, l'insécurité grandissante au Mexique.

Je revois ces regards croisés dans le quartier de Bab El Oued devant le lycée Frantz-Fanon ou la rue Patrice-Lumumba à Alger. Les thés que j'ai pu partager à Ain El-Aouda, à Témara, à Tamesna ou encore à Marrakech lors des débats sur le stress hydrique ou l'installation de panneaux solaires. Mes échanges avec la communauté indienne sur les fortes chaleurs ou avec la communauté pakistanaise après les inondations. La situation des Tamouls au Sri Lanka.

Je revis mes échanges avec les chefs du village de Mboro, mes deux voyages humanitaires au Sénégal. Mon séjour sur la terre de mes ancêtres en République démocratique du Congo me confirmera encore une fois que la pauvreté n'est pas une fatalité.

Ma volonté est que les résolutions de l'Onu soient respectées concernant le conflit entre Israël et la Palestine, avec une solution pour les deux États.

J'ai toujours une pensée pour les Français vivant à l'étranger.

Quant à l'Europe, je sais tout sur elle. Je l'ai traversée.

La parole de la France est attendue, la jeunesse française a le pouvoir de changer le monde.

Une seule chose est évidente : nous sommes égaux face aux changements climatiques, la solidarité est notre facteur de réussite.

Cultivons la paix et cultivons l'amour de notre prochain. Devant les obstacles, faisons preuve de ténacité.

Aux personnes avec qui j'ai échangé dans ma vie, je voudrais dire : c'est vous, mon inspiration.

Je vous remercie, je vous dois tout.

Face aux libéralismes et aux productivismes, changeons de manière de vivre et de consommer.

Face aux diverses crises dans le monde, allons vers une planification écologique et une vision sociale, car voilà les nouveaux enjeux des pays du Nord et du Sud.

La valeur d'un humain n'est pas sa couleur ni sa religion.

Table

Mise en pages :
Anne Offredo, Valravillon

Cet ouvrage a été achevé d'imprimer sur Roto-Page
en avril 2023 par l'Imprimerie Floch
à Mayenne

N° d'imprimeur : 102377
Dépôt légal : mai 2023
ISBN : 978-2-38482-019-1
Imprimé en France